디리클레가 들려주는 선택과 배열 이야기

백희수 지음

NEW
수학자가 들려주는
수학 이야기
45

디리클레가
들려주는
선택과 배열 이야기

㈜자음과모음

추천사

수학자라는 거인의 어깨 위에서
보다 멀리, 보다 넓게 바라보는
수학의 세계!

수학 교과서는 대개 '결과'로서의 수학을 연역적으로 제시하는 경향이 강하기 때문에 학생들은 수학이 끊임없이 진화해 왔다고 생각하기 어렵습니다. 그렇지만 수학의 역사는 하나의 문제가 등장하고 그에 대해 많은 수학자가 고심하고 이를 해결하는 가운데 새로운 아이디어가 출현해 온 역동적인 과정입니다.

〈NEW 수학자가 들려주는 수학 이야기〉는 수학 주제들의 발생 과정을 수학자들의 목소리를 통해 친근하게 이야기 형식으로 들려주기 때문에 학생들이 수학을 '과거 완료형'이 아닌 '현재 진행형'으로 인식하는 데 도움이 될 것입니다.

학생들이 수학을 어려워하는 요인 중의 하나는 '추상성'이 강한 수학적 사고의 특성과 '구체성'을 선호하는 학생의 사고 사이에 존재하는 간극이며, 이런 간극을 줄이기 위해서 수학의 추상성을 희석시키고 수학 개념과 원리의 설명에 구체성을 부여하는 것이 필요합니다.

〈NEW 수학자가 들려주는 수학 이야기〉는 수학 교과서의 내용을 생동감 있게 재구성함으로써 추상적인 수학을 구체성을 갖는 수학으로 변모시키고 있습니다. 또한 중간중간에 곁들여진 수학자들의 에피소드는 자칫 무료해지기 쉬운 수학 공부에 윤활유 역할을 해 줄 것입니다.

〈NEW 수학자가 들려주는 수학 이야기〉의 구성을 보면 우선 수학자의 업적을 개략적으로 소개하고, 6~9개의 강의를 통해 수학 내적 세계와 외적 세계, 교실 안과 밖을 넘나들며 수학 개념과 원리를 소개한 후 마지막으로 강의에서 다룬 내용을 정리합니다.

이런 책의 흐름을 따라 읽다 보면 각각의 도서가 다루고 있는 주제에 대한 전체적이고 통합적인 이해가 가능하도록 구성되어 있습니다. 〈NEW 수학자가 들려주는 수학 이야기〉는 학교 수학 교과 과정과 긴밀하게 맞물려 있으며, 전체 시리즈를 통해 학교 수학의 많은 내용들을 다룹니다. 따라서 〈NEW 수학자가 들려주는 수학 이야기〉를 학교 수학 공부와 병행하면서 읽는다면 교과서 내용의 소화 흡수를 도울 수 있는 효소 역할을 할 것입니다.

뉴턴이 'On the shoulders of giants'라는 표현을 썼던 것처럼, 수학자라는 거인의 어깨 위에서는 보다 멀리, 넓게 바라볼 수 있습니다. 학생들이 〈NEW 수학자가 들려주는 수학 이야기〉를 읽으면서 각 수학자의 어깨 위에서 보다 수월하게 수학의 세계를 내다보는 기회를 갖기를 바랍니다.

홍익대학교 수학교육과 교수 | 《수학 콘서트》 저자 박경미

책머리에

수의 나열 속에 숨어 있는 규칙을 발견하고 이를 표현하는 능력을 키워 주는 '선택과 배열' 이야기

　우리는 살아가면서 셀 수 없이 많은 무언가를 세고 있습니다. 내 지갑에 남은 천 원짜리가 몇 개인지 세고, 숙제를 내야 하는 날까지 남은 기간이 며칠인지, 내가 가장 좋아하는 과자가 몇 개 남았는지 등등. 또 우리가 식당에 가면 종업원에게 가장 먼저 듣는 말 또한 이것입니다. "몇 분이세요?" 이처럼 우리는 매일같이 개수를 세므로 이산 수학을 공부하는 데 준비가 된 셈이라고 할 수 있습니다.

　수 세기는 수학에서 가장 기본적인 활동이지만 그 수가 커지면 일반적으로 규칙을 찾아야 하는 문제에 부딪히게 됩니다. 만약 아주 많은 경우를 찾아서 세어야 한다든가, 조건에 맞는 집합에 속하는 원소들을 센다거나 할 때에는 단순히 세는 활동만으로는 어렵습니다. 구한다 하더라도 자신이 센 것이 맞는지 틀린지 확신하기가 어려울 수 있습니다. 하지만 실생활에서 볼 수 있는 다양한 수 세기를 이산 수학의 원리를 통하여 조금 더 쉽고 정확하게 셀 수 있다면, 여러분이 복잡한 상황이 수 세기나 분할을 할 때 좀 더 나은 판단을 하는 데 도움을 줄 수 있을 것입니다.

이 책은 디리클레 선생님과 함께 일상생활에서 접할 수 있는 문제 상황에서 수 세기를 기본으로 한 이산 수학의 다양한 원리를 살펴볼 것입니다. 3마리의 비둘기가 2개의 비둘기집으로 들어갔을 때, 어느 집에는 적어도 2마리 이상이 들어 있다고 말할 수 있는 비둘기집의 원리, 집합을 기본으로 하는 포함 배제의 원리, 같은 대상을 여러 번 선택할 수 있는 중복조합의 개념을 실제 상황의 문제를 통하여 공부할 것입니다. 또한 다항식의 계수를 만들어 낼 수 있는 생성함수, 주어진 수와 집합의 분할 등 이산 수학의 다양한 원리를 살펴볼 것입니다.

이 모든 것은 초등학교와 중고등학교에서 학습하게 될 이산 수학의 의미를 이해하는 데 많은 도움이 될 것입니다.

자, 그럼 디리클레 선생님과 함께 우리가 일상생활에서 일어날 수 있는 문제 상황을 이산 수학이라는 눈으로 살펴볼까요? 새로운 세상을 볼 수 있을 것입니다.

백희수

차례

추천사 · 4
책머리에 · 6
100% 활용하기 · 10
디리클레의 개념 체크 · 18

1교시
비둘기집의 원리 1 · 23

2교시
비둘기집의 원리 2 · 43

3교시
포함 배제의 원리 · 61

4교시
중복조합 · 83

5교시
생성함수   **107**

6교시
수의 분할   **121**

7교시
집합의 분할   **141**

1 이 책은 달라요

《디리클레가 들려주는 선택과 배열 이야기》는 선택과 배열에 관한 이야기를 담고 있습니다. 사람들은 의식을 하든 하지 않든 생활 속에서 늘 선택과 배열을 합니다. 쉽게 말해서, 우리는 매일같이 개수를 세는 활동을 반복하며 살고 있습니다. 이 책은 가장 기본적인 수 세기를 바탕으로 발전한 이산 수학의 주제를 디리클레의 목소리를 통하여 쉽게 풀어 나가고 있습니다. 다소 어려울 수 있는 비둘기집의 원리와 포함 배제의 원리, 조합 이론과 수의 분할 등의 개념을 알아 가고 실생활에 이용할 수 있도록 구성되어 있습니다.

　이산 수학의 다양한 원리를 공식에 대입하여 해결하여야 할 계산 문제가 아닌 실생활에 기반한 늘 우리 곁에 있는 주제로 인식할 수 있는 계기가 될 것입니다.

2 이런 점이 좋아요

① 아주 복잡해 보이거나 심지어는 전혀 풀 수 없는 것같이 보이는 문제도 선택과 배열에서 다루는 이산 수학의 원리를 이해하여 활용한다면 쉽게 풀 수 있습니다. 이 책은 이러한 원리를 쉽게 이해할 수 있도록 기초부터 시작하여 높은 수준까지 자연스럽게 설명하고 있습니다.

② 이산 수학의 원리는 실생활과 연계가 되어 있기 때문에 문제를 푸는 요령을 가르치기보다는 실생활에서 이러한 원리를 어떻게 활용할 수 있는지에 대해 알려 줍니다.

③ 집합의 기본적인 개념을 바탕으로 교과서에서 간단히 다루어지고 있는 포함 배제의 원리와 집합의 분할을 전면에 도입하여 집합에 대한 이해를 넓힐 수 있습니다.

④ 실생활에서 늘 부딪히게 되는 배열의 상황을 도입하여 조합의 이론과 수를 분할하는 과정에서 발생하는 이론을 탐색하여 이산 수학에 대한 기본 원리의 개념을 잡도록 합니다.

3 교과 연계표

학년	단원(영역)	관련된 수업 주제 (관련된 교과 내용 또는 소단원명)
중 2	자료와 가능성	경우의 수와 확률
고 1(공통수학1)	경우의 수	순열과 조합
	행렬	행렬과 그 연산
고 1(공통수학2)	집합과 명제	집합, 명제
고 2~3(확률과 통계)	경우의 수	순열과 조합, 이항정리

4 수업 소개

1교시 비둘기집의 원리 1

n개의 비둘기집에 $(n+1)$마리의 비둘기가 들어갔다면, 2마리 이상의 비둘기가 들어간 비둘기집이 적어도 하나 있다는 비둘기집의 특수한 형태를 공부하게 됩니다. 조금 더 쉽게 이야기하면 3마리의 비둘기가 2개의 비둘기집으로 들어갔을 때 어느 집에는 적어도 2마리 이상이 들어 있게 된다는 것입니다. 이 원리를 통하여 우리 실생활에 적용할 수 있는 다양한 문제를 해결할 수 있습니다.

- **선행 학습** : 경우의 수
- **학습 방법** : 기본적인 간단한 경우의 수를 바탕으로 하여 문제 상황에서 제시하는 경우를 살펴봄으로써 비둘기집의 원리 중 특별한 경

우를 살펴봅니다. 즉, '2개의 비둘기집에 3마리의 비둘기가 들어갔다면, 2마리 이상의 비둘기가 들어간 비둘기집이 적어도 하나 있다.'라는 것입니다. 따라서 이 책에서 제시하고 있는 실생활의 다양한 문제들을 통하여 발생하고 있는 상황을 비둘기집의 원리에 적용하는 활동을 해 보는 것이 좋습니다.

2교시 비둘기집의 원리 2

2교시에는 이전 시간에 배운 비둘기집의 원리를 일반화하는 과정을 다루게 됩니다. 예를 들어서 지난 시간에는 2개의 비둘기집에 3마리의 비둘기가 들어가는 것에 대하여 비둘기집의 원리를 적용하였다면 이번 시간에는 2개의 비둘기집에 5마리의 비둘기가 들어가는 경우, 즉 3마리 이상의 비둘기가 들어가는 경우를 살펴봅니다.

- **선행 학습** : 특별한 경우의 비둘기집의 원리
- **학습 방법** : 이전 시간에 살펴본 비둘기집의 원리를 일반화하는 활동을 합니다. 특별한 경우가 아닌 다양한 상황에 적용할 수 있는 일반적인 비둘기집의 원리를 살펴봅니다. 따라서 다양한 문제 상황에서 비둘기집의 원리를 적용하는 것을 탐색하고 스스로 문제 상황을 만들어 생각해 보는 것도 좋습니다.

3교시 포함 배제의 원리

집합의 개념을 기본으로 하여 두 집합 사이의 합집합의 개수 또는 두 집합의 교집합의 개수를 구하는 방법을 탐색합니다. 이러한 것을 일반적인 임의의 두 집합 사이에서 정의한 것을 포함 배제의 원리라고 합니다. 일상적인 상황을 바탕으로 하여 포함 배제의 원리를 적용할 수 있는 문제를 해결하여 봅시다.

- 선행 학습 : 집합과 원소의 개념, 합집합, 교집합, 차집합, 여집합
- 학습 방법 : 주어진 조건에 맞는 집합의 원소의 개수를 구하는 활동을 통하여 포함 배제의 원리를 이해할 수 있도록 집합의 개념을 탄탄히 한 후에 세 번째 수업에 들어가는 것이 좋습니다. 개수가 많아서 모두 세기 어려운 문제 상황에서 특별한 조건에 맞는 것을 하나의 집합으로 파악하는 사고를 통하여 포함 배제의 원리를 적용해 보는 공부 방법도 좋을 것입니다.

4교시 중복조합

중복조합은 주어진 원소를 배열하는 것과 관련된 주제입니다. 주어진 집합의 원소 중 중복을 허용하고, 순서에 상관없이 배열하는 것을 의미합니다. 즉, 같은 원소를 재사용해도 좋다는 뜻이지요. 이러한 중복조합이 어디에서 쓰이는지를 알아봅시다.

- 선행 학습 : 집합과 원소의 개념, 조합

- **학습 방법** : 조합은 순서를 생각하는 순열과는 달리 선택된 순서와는 상관이 없습니다. 집합 $A = \{x, y, z, w\}$에서 2개의 원소를 선택하는 조합의 수를 구하여 본다고 하면 xy를 선택하는 방법과 yx를 선택하는 방법이 동일한 선택으로 간주됩니다. 따라서 집합 A에서 2개의 원소를 선택하는 경우를 살펴보면 xy, xz, xw, yz, yw, zw, 즉 총 조합의 수는 6가지입니다. 그런데 여기서 원소들의 중복이 가능하다면 xx, yy, zz, ww의 경우가 추가되겠지요. 따라서 조합의 수를 구한 후 중복이 가능하다는 것을 상기하여 중복조합의 수를 생각해 보는 것이 좋습니다.

5교시 생성함수

방정식을 전개할 때 방정식의 차수가 높아지면 그만큼 전개식이 복잡하고 어려워집니다. 예를 들면 $(a+b)^{10}$이라는 식을 전개하는 문제는 $(x+y)^2$을 전개하는 것처럼 간단히 해결될 문제가 아니지요. 그런데 이런 방정식 전개에서 이전 시간에 배운 조합을 활용하면 문제를 간단히 해결할 수 있습니다. $(a+b)^n$이라는 식에서 $a^{n-k}b^k$ 형태의 항은 k개의 인수에서 b를 선택하고, $(n-k)$개의 인수에서 a를 선택하여 얻어집니다. 이것은 $C(n, k)$인 조합의 문제로 해석할 수 있는데, n개의 원소에서 k개의 조합을 구한 것이 $a^{n-k}b^k$의 계수와 일치하기 때문입니다. 이러한 생성함수와 관련하여 파스칼의 삼각형과의 관계를 탐색하여 봅시다.

- **선행 학습** : 파스칼의 삼각형, 다항식의 전개
- **학습 방법** : 파스칼의 삼각형을 이용하여 다항식의 계수와 연관을 짓는 활동을 하게 되므로 파스칼의 삼각형의 규칙을 정확하게 파악하고 활용하는 것이 좋습니다. 이 개념을 확장하여 이항계수와 생성함수를 정의하게 되는데, 다소 어려울 수 있는 개념이므로 다양한 예를 통하여 개념을 공부하는 것이 좋습니다.

6교시 수의 분할

주어진 수를 덧셈을 이용하여 다양한 방법으로 분할하는 방법을 생각해 보려고 합니다. 예를 들어 만약에 1원, 2원, 3원, 4원, ……으로 되어 있는 동전이 있다고 합시다. 일반적으로 합계 5원을 내기 위한 동전의 조합이 몇 가지 있는지 생각해 봅시다. $1+1+1+1+1, 2+3, 1+4, ……$ 처럼 그 경우의 수가 굉장히 많다는 것을 알 수 있습니다.

- **선행 학습** : 경우의 수
- **학습 방법** : 수를 분할하는 방법은 역으로 조건에 맞게 주어진 수를 만들어 내면 됩니다. 예를 들어 3을 분할하는 방법으로 $1+1+1$, $1+2, 3$이라는 3가지 방법을 생각해 볼 수 있다는 것입니다. 하지만 수가 커지게 되면 분할하는 경우의 수도 그만큼 늘어나기 때문에 어떤 규칙을 세워 찾아 가는 것이 좋습니다.

7교시 집합의 분할

이 시간에는 집합을 나누는, 즉 분할하는 방법에 대한 공부해 보려고 합니다. 우리는 실생활에서 비슷한 조건을 만족하는 사물을 몇 개의 그룹으로 나누는 경우를 접하게 됩니다. 이런 경우 몇 가지의 경우가 있는지 알 필요가 있게 됩니다. 따라서 집합의 분할 방법과 가짓수를 이해하고 여러 문제를 풀어서 실제 상황에 적용할 수 있는 방법을 탐색하여 봅시다.

- **선행 학습** : 집합과 원소의 개념
- **학습 방법** : 이전 시간에 배운 수를 분할하는 방법과 같은 개념으로 집합을 분할하는 개념은 실제적인 문제 상황을 통하여 학습하는 것이 좋습니다. 따라서 실제 상황을 통하여 일반적인 집합의 분할의 개념으로 확장하여 공부해야 합니다. 또한 집합의 분할 역시 경우의 수가 많은 경우 분할되는 집합의 개수를 기준으로 하여 살펴보는 방법을 택하는 것이 조금 더 쉽게 접근할 수 있습니다.

디리클레를 소개합니다
Peter Gustav Lejeune Dirichlet(1805~1859)

　독일 뒤렌에서 출생하였으며 정수론, 급수론, 수리 물리학 등에 공헌하였다.

　수학자 푸리에와 친하게 지냈으며 훔볼트의 초청을 받아 독일 여러 대학에서 수학을 강의하였다.

　그는 명강의로 유명해 이후 독일 각 대학은 그의 강의 방식을 도입하였다.

여러분, 나는 디리클레입니다

나 디리클레는 1805년 뒤렌에서 태어났고, 브레슬라우(브로츠와프)와 베를린 대학 교수직을 역임했습니다. 1855년 가우스가 세상을 떠나자 가우스 후임으로 괴팅겐 대학의 교수로 임명되었습니다. 이는 전에 가우스의 제자였고 평생 스승을 존경한 매우 재능 있는 수학자에 대한 알맞은 예우였다고 사람들은 말했지요.

나는 수학자 야코비의 절친한 친구이자 해설가이며 그의 양아들이었습니다. 여러분에게는 생소하겠지만, 수학을 전공하는 대학생들에게는 디리클레의 급수, 디리클레 함수와 디리클레 법칙으로 잘 알려져 있지요.

디리클레의 개념 체크

사람들은 나를 고결하고, 성실하고, 인간적이고, 겸손한 성품을 가진 수학자로 평가하고 있지만 사실 나는 같은 시대의 수학자인 야코비와는 달리 다소 괴팍한 면이 있었습니다. 내 아들이 위대한 수학자 아버지로부터 항상 도움을 받을 수 있었던 것을 같은 반 친구들이 부러워했을 때, 다음과 같은 가엾은 대답을 했다는 것을 알고는 많이 속상했지요.

"오! 우리 아버지는 더 이상 아무것도 알고 있지 않아요."

나는 아들을 무척 사랑했지만 표현하는 기술이 부족했나 봅니다. 하지만 모든 일에 완벽할 수는 없지 않겠습니까?

나는 수학의 왕이라고 평가되는 가우스의 제자로서 수학에 많은 업적을 남겼답니다. 그래서 나의 뇌는 가우스의 것과 마찬가지로 괴팅겐 대학의 생리학과에 보존되어 있습니다. 끔찍하다고요? 후세 사람들의 연구에 도움이 된다면 나는 좋습니다. 그만큼 나는 수학사에 큰 획을 그은 사람으로 길이 남겨질 만한 가치가 있다는 것일 테니까요.

나는 다른 많은 수학 분야에 업적을 남겼지만 이 책에서는 여러분과 함께 이산 수학의 원리에 대해 공부해 보려고 합니다.

자, 그럼 이제 본격적으로 시작해 볼까요?

1교시

비둘기집의 원리 1

비둘기집의 원리의 특수한 경우를 알아봅니다.

수업 목표

비둘기집의 원리를 이해하고 이를 실생활에 적용할 수 있습니다.

미리 알면 좋아요

경우의 수 한 번 시행으로 일어날 수 있는 어떤 사건의 가짓수를 말합니다. 예를 들어 1개의 주사위를 던지면 결과는 1~6의 면 중 어떤 것이든 나오므로, 경우의 수는 6가지입니다.

디리클레의 첫 번째 수업

안녕하세요? 소현이, 재호 모두 만나서 반가워요. 나는 디리클레라고 해요.

우리는 오늘부터 6가지의 주제를 가지고 재미있는 수업을 하게 될 것이에요. 우리가 앞으로 다루게 될 6가지의 주제는 주로 이산적인 수학 구조를 담고 있답니다.

"안녕하세요? 디리클레 선생님! 그런데 이산이라는 말은 처음 들어 봐요……. 말부터 너무 어려운 것 같아요."

이산이라는 말이 어렵게 느껴지나요? 하하하, 여러분이 처음 접하는 말이라서 그렇게 느끼나 봅니다. 이산 수학이라는 말은 유한 수학이라고도 하며, 수학 연속의 개념을 사용하지 않고, 주로 정수, 유한 그래프, 형식 언어같이 셀 수 있는 집합에 속하는 개념을 다룹니다. 어려운 용어가 나왔다고 걱정하지 마세요! 흥미로운 수학 구조를 볼 수 있는 내용을 중심으로 재미있게 진행할 예정입니다.

여러분, 준비가 되었나요? 오늘은 독특한 이름을 가지고 있는 '비둘기집의 원리'로 첫 번째 강의를 시작해 볼까요?

여러분은 주택에 살고 있나요? 아니면 아파트? 나는 아파트에 살고 있답니다. 어저께 일입니다. 나를 포함한 4명이 1층에서 엘리베이터를 탔습니다. 조금 후 3층, 6층, 10층 버튼의 불이 켜졌습니다. 이때, '이 4명 중에서 같은 층에 내리는 사람이 있겠군!'이라는 생각을 갖는 사람이 있지 않을까요? 3층에서 1명이 내렸다면 남은 3명 중에서 같은 층에 사는 사람이 있을 것이라 생각할 수 있습니다. 또한 6층에서 다시 1명이 더 내렸다면 남아 있는 1명이 나를 보며 '이 사람이 옆집에 살던가?'라고 생각할 수 있을 것입니다.

　누구나 생각할 수 있는 이러한 생각을 구체화하여 공식화한 사람이 바로 나, 디리클레입니다. 즉, 3마리의 비둘기가 2개의 비둘기집으로 들어갔을 때 어느 집에는 적어도 2마리 이상이 들어 있게 된다는 것입니다. 이러한 원리를 바로 '비둘기집의 원리'라고 합니다.

"디리클레 선생님~ 그건 매우 당연한 이야기 아닌가요?"

당연한 이야기 같다고요? 그렇게 생각할 수도 있지요. 어떤 유형의 수학 문제는 어려운 수학 원리나 수학 공식을 이용하지 않고서도 풀 수 있습니다. 아주 복잡해 보이거나 심지어는 전혀 풀 수 없을 것같이 보이는 문제도 이 간단한 비둘기집의 원리를 활용한다면 쉽게 풀 수 있지요.

"저는 그 원리가 왜 그렇게 중요한지 잘 모르겠어요……."

"저는 그 원리로 어떤 문제를 풀 수 있는지 궁금해요……."

그렇다면, 지금 말한 '비둘기집의 원리'를 그림으로 확인해 본 뒤에 문제를 해결해 볼까요? 비둘기 3마리를 2개의 집에 넣는 경우를 살펴봅시다. 다음과 같이 4가지 경우가 있을 수 있습니다.

어느 경우든 한 집에는 2마리 이상이 들어가지요? 이 비둘기 집의 원리는 당연하고 사소해 보이지만 배열이나 패턴의 존재성 문제를 해결할 수 있는 가장 강력한 도구 중 하나랍니다. 이것을 이용해 해결할 수 문제의 예를 주위에서 몇 가지 살펴볼까요?

"우리 주위에 이러한 원리를 이용해서 해결할 수 있는 문제들이 있다고요? 정말 궁금해지는데요?"

예를 들어 안이 보이지 않은 큰 상자 안에 각각 10개의 흰 장갑과 검은 장갑이 있다고 합시다. 다연이는 짝을 맞춰 장갑을 끼고 싶습니다. 이 상자에서 최소한 몇 개의 장갑을 꺼내야 짝을 맞추어 낄 수 있을까요?

"흰 장갑 2개 또는 검은 장갑 2개가 나와야 하는데……."

답은 쉽게 구할 수 있지요. 3개만 꺼내면 됩니다. 상자 안에는 색깔이 다른 두 종류의 장갑이 있으니까, 여기서 2보다 큰 수만큼의 장갑을 꺼내면 그 속에는 반드시 같은 색의 장갑이 존재하겠지요. 이것이 바로 비둘기집의 원리입니다.

이 문제에서는 2보다 큰 수 중에서 제일 작은 수는 3이니까, 3개를 꺼내면 그중 반드시 같은 색이 2개 있게 됩니다. 3개를 꺼냈을 때, 나올 수 있는 장갑의 경우를 나열해 보면 다음과 같습니다.

- 흰색 장갑 3개
- 흰색 장갑 2개, 검은 장갑 1개
- 흰색 장갑 1개, 검은 장갑 2개
- 검은 장갑 3개

따라서 어떤 경우라도 같은 색의 장갑 2개(한 짝)를 얻을 수 있습니다.

"아하, 그렇군요! 이제 비둘기집의 원리에서 말하는 것을 알 수 있을 것 같아요. 다른 문제를 하나 더 내 주세요."

네, 좋습니다. 지금까지 살펴본 '비둘기집의 원리'는 본인이

의식을 하고 있든 그렇지 않든 간에 많은 상황에서 적절하게 사용되고 있답니다. 우리 반에서 짝을 정하는데, 남학생이 16명, 여학생이 15명이라고 합시다. 남학생과 여학생이 짝을 지어 앉는다고 하면, 남학생 1명은 따로 앉아야 합니다. 즉, 1명의 남학생은 여학생과 짝이 되지 못하고 혼자 앉아야 한다는 것이지요. 여기서 남학생은 비둘기, 여학생은 비둘기집에 해당하게 됩니다.

또 다른 예를 들어 볼까요?

소현이가 생일을 맞이하여 13명의 친구를 초대하였습니다. 케이크를 먹으면서 친구들과 서로 몇 월에 태어났는지 이야기하다 보니 같은 달에 태어난 친구들이 있다는 것을 알게 되었습니다. 이것 역시 비둘기집의 원리로 설명할 수 있답니다. 이를테면 13명 중에는 생일이 같은 사람이 2명 이상 있음을 증명하기 위하여, 사람을 $x_1, x_2, \cdots\cdots, x_{13}$이라 하고, 비둘기와 비둘기집을 각각 다음과 같이 둡시다.

비둘기 : $x_1, x_2, x_3, \cdots\cdots, x_{12}, x_{13}$

비둘기집 : 1월, 2월, 3월, ……, 12월

각 '비둘기'를 태어난 달에 해당하는 '집'에 넣으면, '2마리 이상 들어간 집이 반드시 존재'하므로 태어난 달이 같은 사람은 반드시 2명 이상 있게 됩니다.

"그렇군요. 13명의 친구에게 진짜로 물어보고 싶어요."

"우리 직접 조사해서 확인해 볼까?"

"그래, 나도 꼭 해 보고 싶어."

자~ 그럼 이제 비둘기집의 원리를 정리해 보겠습니다.

Tip 비둘기집의 원리 1

n개의 비둘기집에 $(n+1)$마리의 비둘기가 들어갔다면, 2마리 이상의 비둘기가 들어간 비둘기집이 적어도 하나 있다.

이것은 '비둘기집보다 비둘기가 더 많으면 적어도 한 집에는 2마리 이상 들어 있다.'라는 원리를 말하는 것이지요. 실제로 문제 풀이에서 많이 쓰이는 경우는 '$(n+1)$마리의 비둘기가 n개의 비둘기집에 들어가려면 적어도 한 집에는 2마리 이상 들어가야 한다.'는 것입니다.

이 원리의 증명은 귀류법에 의해 명백하기 때문에 거의 필요로 하지 않습니다. 즉, 모든 집에 1마리 이하가 들어간다면 총 비둘기의 수는 n마리 이하이므로 처음에 생각한 $(n+1)$마리가 될 수 없기 때문입니다. 양손으로 3개의 공을 잡으려면 한 손은 2개 이상을 잡아야 합니다. 이 원리는 저의 이름을 따서 디리클레 서랍 원리Dirichlet drawer principle라고도 합니다. 서랍의 원리라고 불리든 비둘기집의 원리라고 불리든 같은 법칙을 이야기하고 있습니다.

"하하! 서랍이라고요? 왜 서랍의 원리라고 했는지 몰라도 재미있네요."

서랍으로 이름이 바뀌어도 그 원리는 같답니다. 그럼 이번에는 비둘기집 대신 서랍으로 설명해 볼까요?

사례 1 : 귤 5개를 4개의 서랍에 넣는다면 어떻게 넣든지 적어도 한 서랍에는 2개 또는 2개 이상 있게 된다는 판정을 내릴 수 있다.

사례 2 : 한 학교에서 나이가 같은 신입생을 366명 받았는데

등록표를 보지 않고서도 출생 월일이 같은 신입생이 적어도 2명 있다는 것을 단정할 수 있다.

위의 두 사례를 분석해 봅시다.

먼저, **사례** 1에서 한 서랍에 귤을 최대 1개만 넣을 수 있다면 서랍 4개에는 귤을 최대 4개밖에 넣을 수 없습니다. 남은 귤 1개는 4개의 서랍 중 어느 한 서랍에 넣을 수밖에 없으므로, 그 서랍에는 귤이 2개 들어가게 됩니다. 그 때문에 적어도 한 서랍에 들어 있는 귤은 2개 또는 2개 이상이라고 말할 수 있습니다.

같은 이유에서 사과 6개를 서랍 5개에 넣는다면 한 서랍에는 사과가 적어도 2개 들어가며, 사과 10개를 서랍 9개에 넣는다면 한 서랍에는 사과가 적어도 2개 들어가게 됩니다.

일반적으로 사과의 개수가 서랍의 개수보다 많으면 적어도 한 서랍에는 사과가 2개 또는 2개 이상 들어가게 됩니다. 비둘기집의 원리를 비둘기가 비둘기집에 들어가는 것으로 설명을 했다면, 같은 의미를 지닌 서랍의 원리는 서랍에 물건이나 사물을 넣는 것으로 비유한 것이라고 보면 됩니다.

사례 2에서 1년 365일 중 매일을 한 서랍으로 보고 신입생

366명을 '사과' 366개로 보면 같은 이유에 의하여 신입생들의 등록표를 보지 않고서도 적어도 두 신입생의 출생 월일이 같다는 것을 단정할 수 있습니다. 이런 문제들의 결론의 정확성은 의심할 바 없습니다.

이 두 예에서와 같은 수학적 원리를 서랍의 원리라 하며 흔히 앞에서 말한 비둘기집의 원리 또는 우체통 원리라고도 합니다. 위의 결론을 일반적인 경우에까지 확장하면 다음과 같습니다.

쏙쏙 이해하기

서랍의 원리

$(n+1)$개보다 많은 물건을 임의의 방식으로 n개의 서랍에 넣으면 적어도 한 서랍에는 물건이 2개 또는 2개 이상 있게 된다.

이제 이것을 증명해 보도록 하겠습니다. 우리는 여기서 귀류법을 이용할 수 있습니다. 만일 위의 말처럼 되지 않는다면 각 서랍에는 물건이 최대 1개 있게 되며, 따라서 n개의 서랍에 있는 물건의 총 개수는 최대 n개가 됩니다. 이는 $(n+1)$개의 물건을 전부 서랍에 넣는다는 가정에 위배되므로 서랍의 원리는 성립하게 됩니다.

어때요? 증명이 생각보다 쉽죠?

"선생님, 그런데 저는 아직 귀류법이 뭔지 잘 모르겠어요."

귀류법이라는 것은 어떤 명제가 참임을 직접 증명하는 대신 그 부정 명제를 참이라고 가정하고 그것이 모순됨을 보임으로써 원래 명제가 참임을 증명하는 방법입니다. 앞에서 $(n+1)$개보다 많은 물건을 임의의 방식으로 n개의 서랍에 넣으면 적어도 한 서랍에는 물건이 2개 또는 2개 이상 있게 된다는 것을 증명하기 위하여 한 서랍에는 물건이 2개 또는 2개 이상이 있게 된다는 것을 부정해 봅시다. 그렇다면 모든 서랍에는 단 1개의 물건이 들어 있다는 것이지요. 따라서 n개의 서랍에는 최대 n개의 물건을 넣을 수 있습니다. 그런데 이것은 $(n+1)$개의 물건을 전부 서랍에 넣는다는 가정과 위배됩니다. 그래서 서랍의 원리가 성립한다고 증명되는 것이지요.

"선생님, 또 다른 예를 들어 주세요."

네, 좋습니다. 서랍의 원리의 예를 더 살펴봅시다.

쏙쏙 문제 풀기

주머니에 검은색, 흰색, 붉은색, 파란색 4가지 종류의 공이 들어 있다. 그중에서 한 번에 공을 몇 개 꺼내면 색깔이 같은 공이 적어도 2개 들어 있는지 구하시오.

4가지 색깔을 4개의 서랍으로 보고 공을 '물건'으로 봅시다. 서랍의 원리에 의하여 공의 개수가 4보다 커야 합니다. 그런데 4보다 큰 가장 작은 정수는 5입니다. 그러므로 공을 적어도 5개 꺼내야 요구에 맞게 됩니다.

지금까지 설명한 것은 서랍의 원리의 가장 간단한 형태입니다. 그러나 많은 문제에 대하여 말한다면 적어도 한 서랍에 있는 원소가 2개 이상이라는 것을 밝히는 것만으로는 부족합니다. 그러므로 서랍의 원리의 이론을 더 넓혀야 합니다. 다음 시간에는 보다 일반적인 형태의 비둘기집의 원리에 대해서 생각해 보기로 합시다.

"일반적인 비둘기집의 원리라고요? 어떤 일반적인 식이 나오게 되나요?"

하하하! 그런 것은 아닙니다. 하지만 오늘 배운 내용을 완전히 이해해야 일반적인 이야기를 할 수 있답니다. 오늘 배운 내용을 곰곰이 되새겨 보세요.

그럼 다음 시간에 만나요~!

수업 정리

❶ 비둘기집의 원리 1

안이 보이지 않는 큰 상자 안에 각각 10개의 흰 장갑과 검은 장갑이 있습니다. 이 상자에서 최소한 몇 개의 장갑을 꺼내야 짝을 맞추어 낄 수 있을까요?

답은, 3개만 꺼내면 됩니다. 상자 안에는 색깔이 다른 두 종류의 장갑이 있으니까, 여기서 2보다 큰 수만큼의 장갑을 꺼내면 그 속에는 반드시 같은 색의 장갑이 존재하겠지요. 이것이 바로 비둘기집의 원리입니다.

[비둘기집의 원리 1]

n개의 비둘기집에 $(n+1)$마리 비둘기가 들어갔다면, 2마리 이상의 비둘기가 들어간 비둘기집이 적어도 하나 있다.

❷ 서랍의 원리

디리클레는 이러한 원리를 가장 먼저 이야기 한 수학자로서 서랍의 원리라고 불렀습니다. 디리클레식으로 정리를 하면 다음과 같습니다.

[서랍의 원리]

$(n+1)$개보다 많은 원소를 임의의 방식으로 n개의 서랍에 넣으면 적어도 한 서랍에는 원소가 2개 또는 2개 이상 있게 된다.

2교시

비둘기집의 원리 2

비둘기집의 일반적인 원리를 공부합니다.

수업 목표

비둘기집의 원리 1의 일반화를 이해하고 실생활에 적용할 수 있습니다.

미리 알면 좋아요

비둘기집의 원리 1 n개의 비둘기집에 $(n+1)$마리 비둘기가 들어갔다면, 2마리 이상의 비둘기가 들어간 비둘기집이 적어도 하나 있습니다. 즉, 2마리의 비둘기집에 3마리의 비둘기가 들어간다면 어느 집에는 적어도 2마리 이상이 들어 있게 된다는 것입니다.

디리클레의 두 번째 수업

"디리클레 선생님, 안녕하세요? 오늘은 어떤 이야기를 해 주실 건가요? 지난 시간처럼 재미있는 이야기인가요?"

이번 시간에는 지난 시간에 배운 비둘기집의 원리를 좀 더 일반화하는 이야기를 해 보려고 합니다. 일반화라는 어려운 말을 사용했다고 해서 긴장할 필요는 없습니다. 모든 수학의 최종 목표는 일반화에 있으니까요.

비둘기집의 원리는 사물 사이에 근거한 양적인 관계에 존재하는 모종의 법칙입니다.

"아, 또 어려운 말 나왔어요. 더 쉬운 말로 설명해 주세요."

"알쏭달쏭해요. 쉬운 예는 없나요?"

너무 어렵고 모호하다고요? 그렇다면 쉬운 예를 하나 들어 볼까요?

2개의 비둘기집에 5마리의 비둘기가 들어간다면, 어느 한 집에는 반드시 3마리 이상의 비둘기가 있게 됩니다. 이것을 그림으로 표현해 보면 다음과 같습니다.

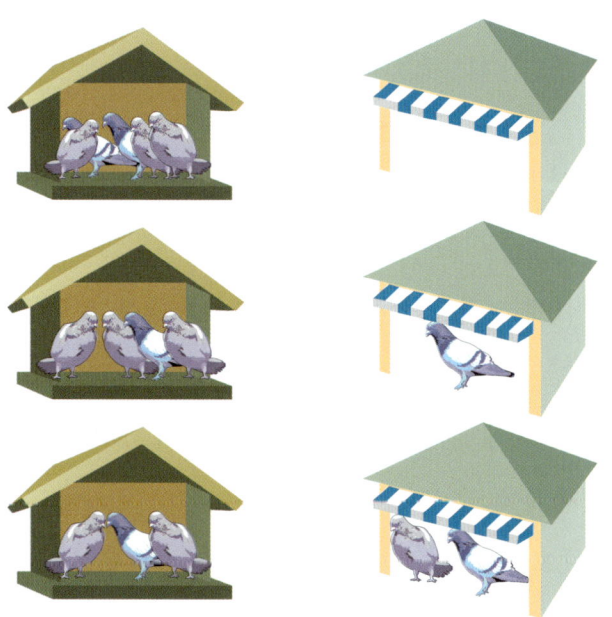

　위의 그림과 같이 6가지 경우가 있는데, 어느 경우를 살펴보더라도 한 집에는 반드시 3마리 이상의 비둘기가 있게 됩니다. 이러한 결과는 지난 시간에 배운 비둘기집의 원리 1로는 설명하기 어려운 부분이 있다는 것을 알 수 있을 것입니다.

　"네, 조금 헷갈려요. 비둘기가 5마리면 집은 4개가 있어야 하는데…… 아닌가요? 저는 지난 시간에 배운 비둘기집의 원리를 그렇게 이해하고 있어요."

　소현이는 지난 시간에 내가 예로 들었던 문제를 바탕으로 비둘기집의 원리를 이해하고 있군요. 네, 맞습니다. 지난 시간에는 그러한 문제를 다루었지요. 하지만 오늘은 조금 더 다양한 경우를 살펴보고 일반적인 비둘기집의 원리를 알아보려고 합니다. 다른 문제도 더 알아볼까요?

　학생 수가 38명인 어떤 반에서 생일을 조사했더니 다음의 2가지 사실을 알게 되었다고 합니다.

첫째, 4명 이상의 생일이 있는 달이 있다.

둘째, 6명 이상의 생일이 있는 요일이 있다.

이것은 왜 그럴까요? 먼저, 첫 번째 사실을 살펴봅시다.

첫 번째 사실을 살펴봅시다. 1년은 12달이고 한 달에 3명씩 골고루 채워도 $3 \times 12 = 36$입니다. 38은 36보다 2가 많으니까, 나머지 2명은 3명이 생일인 달에 들어가야 합니다. 그러므로 생일이 4명 이상 있는 달이 반드시 생기게 됩니다.

두 번째 사실을 살펴봅시다. 요일의 종류는 7가지입니다. 38명의 생일을 7개의 요일에 골고루 나누어도 $7 \times 5 = 35$이니까, 3명은 이미 5명씩 들어 있는 요일에 들어가야 합니다. 그러므로 6명 이상 생일이 있는 요일이 있겠지요.

디리클레의 두 번째 수업

이러한 2가지 사실을 앞에서 배운 비둘기집의 원리 1로 설명하기에는 어려운 부분이 있음을 알 수 있습니다. 왜냐하면 비둘기집의 원리 1은 'n개의 비둘기집에 $(n+1)$마리의 비둘기가 들어갔다면, 2마리 이상의 비둘기가 들어간 비둘기집이 적어도 하나 있다.'입니다. 즉, 비둘기집보다 하나 더 많은 비둘기의 수를 가정한 원리이기 때문입니다.

　소현이가 질문했던 것이지요. 그러나 주위를 살펴보면 주어진 비둘기집보다 하나가 아니라 더 많은 수의 비둘기에 비유할 수 있는 상황이 더 많음을 발견할 수 있습니다.

　따라서 일반화된 비둘기집의 원리가 필요할 때입니다. 그럼 일반화된 비둘기집의 원리를 정리하여 보겠습니다.

> **Tip 비둘기집의 원리 2**
>
> $m \geq n$일 때, n개의 비둘기집에 m마리의 비둘기가 들어갔다면, 적어도 한 집에는 k마리 이상이 있는 비둘기집이 존재한다.
>
> $$k = \begin{cases} \dfrac{m}{n} & m\text{이 } n\text{으로 나누어떨어질 때} \\ \left[\dfrac{m}{n}\right]+1 & m\text{이 } n\text{으로 나누어떨어지지 않을 때} \end{cases}$$
>
> (단, 여기서 $[x]$는 x를 넘지 않는 가장 큰 정수를 나타낸다.)

비둘기집의 원리 2는 좀 어려워 보이지요? 구체적으로 문제에 적용해 보겠습니다. 그러면 쉽게 이해하고 적용할 수 있으리라고 생각됩니다.

'25명의 학생 중에서 적어도 3명은 같은 달에 태어났다는 것을 증명하라.'는 문제를 푼다고 합시다. 그러면 비둘기집에 해당하는 것은 달의 수, 즉 12개의 비둘기집이 존재하는 것이고 비둘기는 각 학생들, 즉 25명이 비둘기의 수에 해당합니다. 비둘기집의 원리 2에 의하여 25는 12로 나누어떨어지지 않고, $\left[\dfrac{25}{12}\right]+1=3$이므로 적어도 3명이 같은 달에 태어났다는 것이 증명되는 것이지요.

"지난 시간에는 비둘기집보다 하나 더 많은 비둘기의 수를 가정한 원리를 이야기한 것이라면 오늘은 비둘기집보다 하나가 아니고 더 많은 비둘기의 수를 이야기할 수 있는 것이지요?"

네, 재호가 잘 이해했군요.

"저도 그것은 이해가 되지만, 식으로 표현된 부분은 잘 이해되지 않았어요."

소현이는 가우스 기호를 사용하는 것에 익숙해지면 조금 더 쉽게 이해할 수 있을 것 같네요. 가우스 기호를 잠깐 설명할게요.

가우스 기호는 주어진 수를 넘지 않는 최대의 정수를 나타내며 기호로는 [ ]로 나타내지요. 약속에 의한 기호이므로 기호에 대한 정확한 이해가 필요하답니다. 가우스 기호를 이해할 수 있는 예를 들어 볼까요?

예를 들어 3.6이라는 수에 가우스 기호를 해 주면, [3.6]=3이라는 값을 얻게 됩니다. 분수에 적용해 볼까요? $\frac{10}{3}$이라는 수에 가우스 기호를 해 주면 $\left[\frac{10}{3}\right]$=[3.33333……]=3이지요. 하지만 일반적으로 정수 x에 가우스 기호를 하면 $[x]=x$로 그 자신이 그대로 나온다는 것을 알 수 있지요.

쏙쏙 이해하기

$[x]$: x를 넘지 않는 최대의 정수

가우스 기호를 소거하는 방법
(1) $[x]=n \iff n \leq x < n+1$
(2) $[x]$에서 $x=$(정수부분)$+$(0 또는 소수부분)으로 정리한 다음 정수부분을 값으로 한다. 즉, 소수부분을 버리고 정수부분만을 값으로 한다. 가우스 값은 항상 정수이다.
(3) $[x]=x \iff x$는 정수

지금부터 일반적인 비둘기집의 원리를 이용하는 다양한 문제를 해결해 봅시다. 이 원리를 교묘하게 활용하여 아주 복잡해 보이거나 심지어는 전혀 풀 수 없을 것같이 보이는 문제도 쉽게 풀 수 있음을 알게 될 것입니다.

> **쏙쏙 문제 풀기**
>
> 8게임의 축구 경기에서 골이 모두 17개 들어갔다고 한다. 한 게임에서 골이 적어도 3개 들어갔음을 증명하시오.

8게임의 경기를 8개의 비둘기집으로 보고, 골 17개를 이 비둘기집에 넣는 비둘기로 보면, 비둘기집의 원리 2에 의하여 한 게임에서 적어도 $\left[\frac{17}{8}\right]+1=\left[2\frac{1}{8}\right]+1=2+1=3$ 골이 들어갔음을 알 수 있습니다.

이제 비둘기집의 원리 2가 이해되나요? 그럼 다음의 문제도 살펴볼까요? 참고로 이 문제는 비둘기집의 원리와 4교시에서 다루게 되는 내용을 맛볼 수 있는 문제랍니다.

쏙쏙 문제 풀기

A중학교 학생 160명이 병원, 우체국, 경찰서에 봉사 활동을 가기로 하였다. 봉사 활동 장소로 누구든지 3곳 중에서 1곳은 가야 하고, 제일 많이 간 사람이라도 2곳으로 한정한다. 어떤 학생이 봉사 활동 장소에 갔을 때 이것을 1, 가지 않은 때는 0이라 하고, 수의 조합 $\{a, b, c\}$는 어떤 학생의 견학한 상황을 나타낸다고 하자. 예를 들어, $a=1$은 병원에, $b=1$은 우체국에, $c=1$은 경찰서에 봉사 활동을 간 것을 나타내고, $a=0$은 병원에는, $b=0$은 우체국에는, $c=0$은 경찰서에는 봉사 활동을 가지 않음을 나타내는 것이다. 그렇다면 적어도 몇 명이 같은 장소에서 봉사 활동을 하게 되는지 구하시오.

그렇다면 $\{1, 0, 0\}$은 무엇을 나타내는 것일까요?

"선생님, 제가 대답해 볼게요. 어떤 학생은 병원에는 갔지만, 우체국과 경찰서에는 봉사 활동을 가지 않음을 나타내는 것이지요."

네. 맞습니다. 그런 의미를 갖게 되는 것이지요. 누구나 1곳에는 가게 되어 있고, 가장 많이 가면 2곳이므로 봉사 활동을 가게 되는 형식은 모두 몇 가지 경우가 있을까요?

디리클레의 두 번째 수업

"{1, 0, 0}, {0, 1, 0}, {0, 0, 1}, {1, 1, 0}, {1, 0, 1}, {0, 1, 1}의 6가지가 있는 것 같은데요. 제일 많이 간 사람이라도 2곳으로 한정하므로 {1, 1, 1}의 경우는 생길 수 없습니다."

네, 정말 잘 대답해 주었습니다. 이제 이 문제의 답을 구해 볼까요? 봉사 활동을 할 수 있는 경우는 6가지로 위에서 구하였습니다. 즉, 비둘기집의 원리 2에서 비둘기집은 6개이고 비둘기에 해당하는 학생의 수는 160명이므로 $\left[\dfrac{160}{6}\right]+1=27$명이 적어도 같은 장소에서 봉사 활동을 하게 되겠지요.

비둘기집의 원리 1과 비둘기집의 원리 2는 어떤 관계가 있는지 분석하기 위하여 비둘기집의 원리 2에 대하여 다음 각 경우를 비교하여 봅시다.

첫째, $m=n+1$인 경우

- 비둘기집의 원리 2에 대하여 $m=n+1$이면, $\left[\dfrac{m}{n}\right]+1=\left[\dfrac{n+1}{n}\right]+1=\left[1+\dfrac{1}{n}\right]+1=1+1=2$입니다. 이는 바로 비둘기집의 원리 1입니다. 따라서 비둘기집의 원리 1은 비둘기집의 원리 2의 특수한 경우입니다.

둘째, $m = kn+1$(k는 양의 정수, $n \neq 1$)인 경우

- 비둘기집의 원리 2에 대하여 $m = kn+1$(k는 양의 정수)이면 $n \neq 1$일 때, $\left[\dfrac{m}{n}\right]+1 = \left[\dfrac{kn+1}{n}\right]+1 = \left[k+\dfrac{1}{n}\right]+1 = k+1$입니다. 즉, $(kn+1)$마리의 비둘기를 n개의 비둘기집에 넣으면 적어도 1개의 비둘기집에는 $(k+1)$마리의 비둘기가 들어 있다는 것을 알 수 있습니다.

지금까지 설명한 비둘기집의 원리 1과 비둘기집의 원리 2의 관계가 이해가 잘 안된다 하더라도, 비둘기집의 원리 1이 비둘기집의 원리 2의 특수한 경우라는 사실을 기억하고 수학 실력을 더 쌓은 뒤 이해하도록 해 봅시다.

"비둘기집의 원리 1이 비둘기집의 원리 2에 포함된다는 말씀이죠?"

네, 맞습니다. 지난 시간에 '비둘기집의 원리'라는 말을 처음 들었을 때, 수학에서 이렇게 유용하게 쓰일 법칙이라는 느낌이 들었나요? 수업 시작 전에도 말했지만, 이 원리는 지극히 당연하고 사소하게 보이지만 배열이나 패턴의 존재성 문제를 해결할 수 있는 강력한 도구 중 하나이며, 사물 사이에 존재하는 양

적 관계의 모종의 법칙을 밝히는 간단한 수학적 원리로서 수학 문제를 푸는 유용한 수단입니다. 어떤 유형의 수학 문제는 어려운 수학적 원리나 수학 공식을 이용하지 않고서도 풀 수 있습니다. 때때로 이 원리는 문제의 조건이 충분하지 않다고 생각되는 상황에서도 예상하지 못한 좋은 결론을 이끌어 내는 데 도움을 주기도 합니다.

"재미있기도 하고 아직 더 생각해 볼 거리로 머릿속이 가득 찬 느낌이에요."

세상에는 재미있는 법칙과 원리로 가득하답니다. 다음 시간에는 새로운 원리를 찾아서 새롭게 시작해 봅시다!

"새로운 원리는 어떤 것인지 조금만 얘기해 주세요!"

비둘기집의 원리가 어떤 정해진 집합에 주어진 원소가 모두 들어가야 하는 것을 다루었다면, 다음 시간에 배우게 될 새로운 원리는 주어진 원소가 어떤 집합에 들어있는지 그렇지 않은지를 알아보는 원리랍니다. 다음 시간에는 더 재미있는 이야기를 해 봅시다. 다음 시간에 만나요.

수업 정리

비둘기집의 원리 2

'25명의 학생 중에서 적어도 3명은 같은 달에 태어났다는 것을 증명하라.'는 문제를 푼다고 합시다.

그러면 비둘기집에 해당하는 것은 달의 수, 즉 12개의 비둘기집이 존재하는 것이고 비둘기는 각 학생들, 즉 25명이 비둘기의 수에 해당합니다. 비둘기집의 원리 2에 의하여 25는 12로 나누어떨어지지 않고, $\left[\dfrac{25}{12}\right]+1=3$이므로 적어도 3명이 같은 달에 태어났다는 것이 증명되는 것이지요.

따라서 비둘기집의 원리 2를 정리하면 다음과 같습니다.

> **Tip 비둘기집의 원리 2**
>
> $m \geq n$일 때, n개의 비둘기집에 m마리의 비둘기가 들어갔다면, 적어도 한 집에는 k마리 이상이 있는 비둘기집이 존재한다.
>
> $k = \begin{cases} \dfrac{m}{n} & m \text{이 } n \text{으로 나누어떨어질 때} \\ \left[\dfrac{m}{n}\right]+1 & m \text{이 } n \text{으로 나누어떨어지지 않을 때} \end{cases}$
>
> (단, 여기서 $[x]$는 x를 넘지 않는 가장 큰 정수를 나타낸다.)

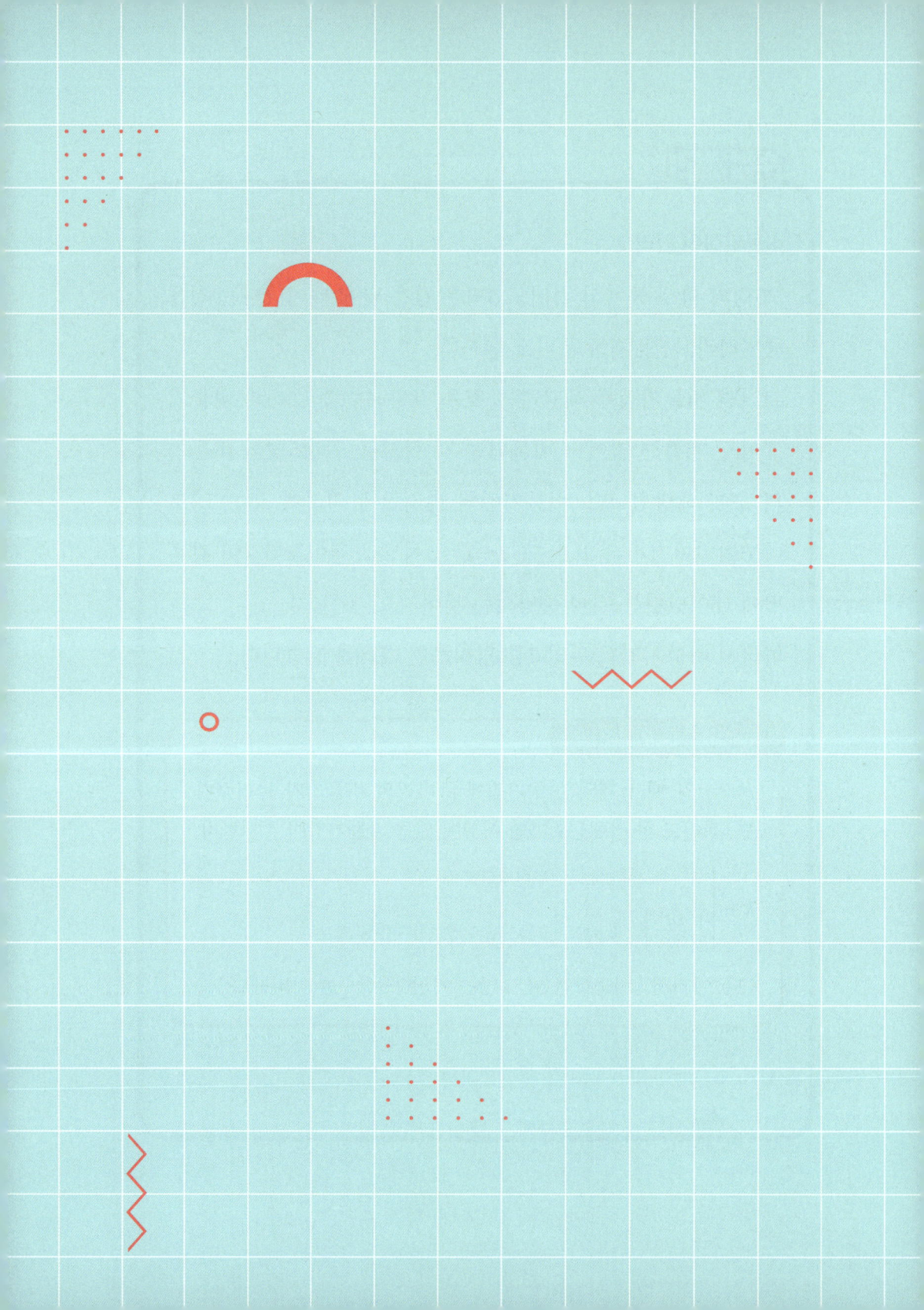

3교시

포함 배제의 원리

포함 배제의 원리를 이해하고
이를 실생활 문제에 적용할 수 있습니다.

수업 목표

포함 배제의 원리를 이해하고 실생활 문제에 적용할 수 있습니다.

 미리 알면 좋아요

1. 집합과 원소
집합 : 어떤 조건에 의하여 그 대상이 명확한 모임을 말합니다.
원소 : 집합을 이루는 대상 하나하나를 말합니다.

2. 합집합
두 집합 A, B가 있을 때, A에 속하거나 B에 속하는 원소의 집합을 A와 B의 합집합이라고 하고 A∪B로 나타냅니다.

3. 교집합
두 집합 A, B가 있을 때, A와 B에 모두 속하는 원소의 집합을 A와 B의 교집합이라고 하고 A∩B로 나타냅니다.

4. 드모르간의 법칙
$(A \cap B)^C = A^C \cup B^C$, $(A \cup B)^C = A^C \cap B^C$

디리클레의 세 번째 수업

안녕하세요? 오늘은 어떤 주제를 다루어 볼까요? 이번 시간은 포함 배제라는 이름이 붙어 있는 원리입니다. 집합과 관련이 있는 주제이지요.

한 반에 피아노를 배우는 학생이 15명, 리코더를 배우는 학생이 20명일 때, 피아노나 리코더를 배우는 학생이 35명이 아닐 수 있습니다. 그러면 어떤 학생을 조사하여야 정확한 수를 알 수 있을까요? 이와 같이 어떤 조건을 만족하는 집합의 원소의 개수를 알아야 하는 경우에 사용되는 수학적 원리를 알아봅시다.

집합이란 명확히 구별이 가능한 사물의 모임을 말합니다. 그러나 이것은 집합의 정의는 아닙니다. 집합은 가장 기본적인 개념이기 때문에 어떤 다른 개념을 사용하여 정의한다는 것은 거의 불가능합니다. 마치 기하학에서 점, 선, 면 등을 무정의 용어로 삼는 것과 비슷하다고 할 수 있습니다.

중학교에 올라가 맨 처음 교과서를 받으면 왠지 조금은 숙연해지고 평소 공부를 즐겨 하지 않는 사람도 새로운 각오를 다지고는 합니다. 그런 마음으로 우리는 으레 책을 한번 죽 훑어보게 되는데, 수학책의 첫 단원을 장식하는 것은 늘 '집합'입니다. 집합이 그만큼 중요하다는 뜻일까요? 아니면 집합이 그중 쉬운 내용이라는 뜻일까요?

집합이 현대 수학에서 확고부동한 위치를 차지하게 된 것은 그리 오래된 일이 아닙니다. 집합론은 독일의 수학자 칸토어Georg Cantor, 1845~1918에 의해 창시되어 체계화되었습니다. 그렇다면 칸토어는 도대체 무엇을 하려고 그 당시에 생소하기만 한 개념인 집합론을 연구한 것일까요?

그것은 바로 무한의 성질을 규명하기 위해서였습니다. 지금까지 여러분은 집합 하면 집합의 연산 같은 것이 전부라고 생각하고 있을지 모르지만 집합은 무한을 보다 조직적으로 다루기 위해 창조된 획기적인 아이디어였습니다.

무한 개념은 언어와 문학에서뿐만 아니라 철학과 신학 등 여러 분야에서 다양한 형태로 나타납니다. 그러나 실제로 무한개라는 것이 있을 수 있을까요?

일찍이 아르키메데스는 우주를 모래알로 채웠을 때, 모래알의 개수는 적당한 가정하에 10^{63}보다 작다고 했으며, 오늘날에도 우주에 흩어져 있는 원자의 총수는 9^{99}보다는 작은 것으로 알려져 있습니다. 비록 현실적으로 무한의 개념을 사용하는 일이 많지는 않지만, 무한이라는 개념은 수학에서는 절대로 배제할 수 없을 정도로 중요한 것입니다.

쉬운 예로, 자연수의 개수는 도대체 몇 개일까요? 또 정수의 개수는? 이것이 모두 무한개라는 것은 설명하지 않아도 쉽게 알 수 있을 것입니다. '자연수의 개수와 정수의 개수가 모두 무한개라면 자연수와 정수의 개수는 같은 것일까? 만약 정수의 개수가 더 많다면 정수를 나타내는 무한개와 자연수를 나타내는 무한개는 다른 무한개인가?' 하는 의문을 갖게 됩니다.

 예를 들어 1부터 100까지의 자연수에 대하여 5 또는 7의 배수인 수의 개수를 구해 봅시다. 1부터 100까지의 자연수에 대하여 5의 배수의 집합을 A, 7의 배수의 집합을 B라 하면 (A∩B)는 5와 7의 공배수, 즉 35의 배수의 집합이 됩니다. 예를 들어 집합 X가 유한집합일 때, 집합 X의 원소의 개수를 $n(X)$로 나타내기로 합시다. 그러면 위의 문제로부터 알 수 있는 모든 내용을 기호로 나타내어 봅시다.

U는 1에서 100까지의 집합이라고 하고,
A={5, 10, 15, 20, ……, 95, 100}, $n(A)=20$,
B={7, 14, 21, 28, ……, 91, 98}, $n(B)=14$,
A∩B={35, 70}

$n(A∩B)=2$이고, 5 또는 7의 배수의 집합은 (A∪B)입니다. 벤 다이어그램에서 (A∪B)을 나타내어 보면 다음과 같습니다.

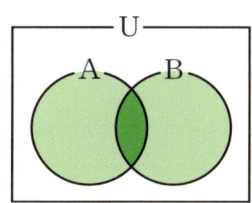

따라서 $n(A∪B)=n(A)+n(B)-n(A∩B)$
$=20+14-2=32$

(A∪B)의 원소의 개수를 구할 때, A의 원소의 개수와 B의 원소의 개수를 더하면 공통 부분인 (A∩B)의 원소의 개수를 두 번 더한 것이 됩니다. 따라서 이 경우에는 (A∩B)의 원소의 개수를 한 번 빼 주어야 합니다. 즉, 식으로 표현하면 다음과 같습니다.

$n(A \cup B) = n(A) + n(B) - n(A \cap B)$

또한 전체집합을 U라고 할 때 다음이 성립합니다.

$n(A^c \cap B^c) = n(U) - n(A) - n(B) + n(A \cap B)$

이 두 식을 두 집합에서의 포함 배제의 원리라고 합니다.

> **Tip 두 집합에서의 포함 배제의 원리**
>
> 임의의 두 집합 A, B가 전체집합 U의 부분집합일 때, 다음이 성립한다.
> $$n(A \cup B) = n(A) + n(B) - n(A \cap B)$$
> $$n(A^c \cap B^c) = n(U) - n(A) - n(B) + n(A \cap B)$$

포함 배제의 원리의 두 번째 식이 이해가 잘 안되는 학생들이 있을 것 같군요. 예를 들어 보겠습니다.

두 집합의 포함 배제의 원리를 이용하여 1에서 100까지의 자연수 중 두 수 2와 5 어느 것으로도 나누어떨어지지 않는 자연수의 개수를 구해 봅시다.

이 문제에서의 전체집합을 1에서 100까지의 자연수 집합이라고 합시다. 이때, 2의 배수의 집합을 A, 5의 배수의 집합을 B라고 하면 (A∩B)는 2와 5의 최소공배수인 10의 배수의 집합입니다. 그러면 다음과 같이 나타낼 수 있습니다.

$n(U)=100$,
A = {2, 4, 6, 8, 10, ……, 98, 100}, $n(A)=50$
B = {5, 10, 15, 20, ……, 95, 100}, $n(B)=20$
A∩B = {10, 20, 30, ……, 90, 100}, $n(A∩B)=10$

여기서 두 수 2와 5 어느 것으로도 나누어떨어지지 않는 수의 집합을 벤 다이어그램으로 나타내면 다음과 같겠지요.

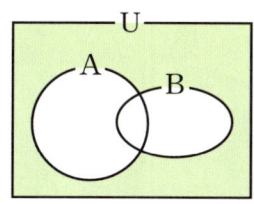

따라서 $A^C \cap B^C = (A \cup B)^C$이므로

$$n(A^C \cap B^C) = n(U) - n(A) - n(B) + n(A \cap B)$$
$$= 100 - 50 - 20 + 10$$
$$= 40$$

여기서 이 표현이 이해가 잘 안되는 학생들은 $U - A = A^C$임을 유의하도록 하고, 드모르간의 법칙 $(A \cap B)^C = A^C \cup B^C$, $(A \cup B)^C = A^C \cap B^C$이 성립한다는 사실을 공부해야 합니다.

포함 배제의 원리의 두 번째 식이 이해되겠지요? 이제 한 단계 나아가서 생각해 봅시다.

> **쏙쏙 문제 풀기**
>
> 총 인원이 40명인 어떤 반에 남학생이 20명이 있고, 안경을 낀 학생이 10명 있다면 안경을 끼지 않은 여학생은 모두 몇 명이 있는지 구하시오.

이 문제를 읽고 주어진 조건만으로 문제를 해결할 수 있을까

요? 조건이 부족하다고 생각되거나 헷갈리는 부분이 있다고 느껴질 수 있습니다. 벤 다이어그램을 그려서 천천히 살펴봅시다.

학급 내의 전체 학생의 집합을 U, 남학생의 집합을 A, 안경을 낀 학생의 집합을 B라고 하여 벤 다이어그램으로 나타내면 다음과 같습니다.

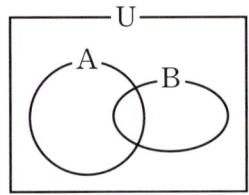

그렇다면, 안경을 끼지 않은 여학생의 집합을 A, B를 이용하여 나타내어 봅시다. 어렵게 느껴진다면 벤 다이어그램에 표시를 먼저 해 봅시다.

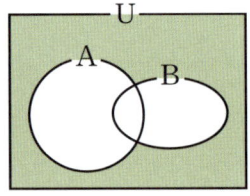

벤 다이어그램에서 색칠된 부분이 안경을 끼지 않은 여학생의 집합이 되겠지요. 이것을 집합 A와 B를 이용해서 나타내면,

$A^C \cap B^C$ 또는 $(A \cup B)^C$이 되겠지요. $U-(A \cup B)$라는 표현도 가능하겠군요.

즉, $n(U)=40, n(A)=20, n(B)=10$이고, 안경을 끼지 않은 여학생의 수는 다음과 같습니다.

$$n(A^C \cap B^C) = n[(A \cup B)^C] = n[U-(A \cup B)]$$
$$= n(U) - n(A \cup B)$$

이 문제의 조건을 이용하여 안경을 끼지 않은 여학생의 수를 구할 수 있는지 포함 배제의 원리 두 번째 식을 이용하여 나타내어 보고 토론하여 봅시다.

$$n(U) - n(A \cup B) = n(U) - n(A) - n(B) + n(A \cap B)$$
$$= 40 - 20 - 15 + n(A \cap B)$$
$$= 5 + n(A \cap B)$$

위와 같으므로 $n(A \cap B)$가 주어져야만 구할 수 있다는 것을 알 수 있습니다. 여러분이 예측했던 대로 조건이 부족한 문제였습니다. 그렇다면 $n(A \cap B)$는 무엇을 나타낼까요?

이것은 안경을 낀 남학생 집합의 원소의 개수를 말하는 것이지요. 즉, 문제에서 이 수가 주어져 있지 않기 때문에 안경을 끼지 않은 여학생의 수는 구할 수 없는 것입니다.

만일 남학생 모두 안경을 끼지 않았다면 답을 구할 수 있을까요? 물론입니다. 즉, 다음과 같이 됩니다.

$$n(A \cup B) = n(A) + n(B)$$

벤 다이어그램으로 나타내면 이렇게 됩니다.

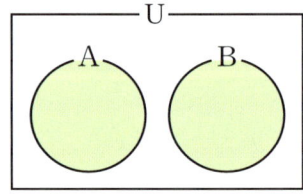

따라서 안경을 끼지 않은 여학생의 수는 다음과 같이 구하면 되겠지요.

$$n(U) - n(A \cup B) = n(U) - n(A) - n(B) + n(A \cap B)$$

$$=40-20-15+0$$
$$=5$$

두 집합의 포함 배제의 원리로부터 세 집합 A, B, C의 포함 배제의 원리를 식으로 나타내면 어떻게 되는지 추측하여 봅시다. 그리고 벤 다이어그램으로 확인해 보고 세 집합에서의 포함 배제의 원리를 정리해 보겠습니다. 임의의 세 집합 A, B, C가 전체집합 U의 부분집합일 때, 다음의 벤 다이어그램이 표현하고 있는 부분을 식으로 나타내어야 합니다.

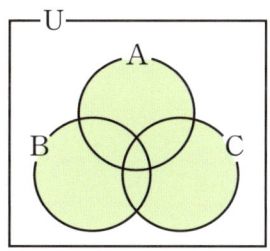

즉, $n(A \cup B \cup C)$의 원소의 개수를 구할 때, A의 원소의 개수, B의 원소의 개수와 C의 원소의 개수를 더하면 공통 부분의 원소의 개수를 두 번 더한 것이 됩니다. 따라서 이 경우에는 집합 $(A \cap B)$, $(B \cap C)$와 $(C \cap A)$의 원소의 개수를 한 번씩 빼

주어야 합니다. 그런데 집합 (A∩B), (B∩C)와 (C∩A)의 원소의 개수를 빼다 보면, 집합 (A∩B∩C)의 원소의 개수가 세 번 빠지게 되므로 두 집합의 포함 배제의 원리에서와 같이 다시 더해 주어야 한다는 결과를 얻게 됩니다.

$$n(A \cup B \cup C) = n(A) + n(B) + n(C) - n(A \cap B)$$
$$- n(B \cap C) - n(C \cap A) + n(A \cap B \cap C)$$

따라서 다음 식이 성립함을 추측해 볼 수 있겠지요.

$n(A^C \cap B^C \cap C^C)$
$= n[(A \cup B \cup C)^C]$
$= n(U) - n(A \cup B \cup C)$
$= n(U) - n(A) - n(B) - n(C) + n(A \cap B) + n(B \cap C)$
$\quad + n(C \cap A) - n(A \cap B \cap C)$

즉, 벤 다이어그램에서는 색칠한 부분의 원소의 개수를 구하는 것입니다.

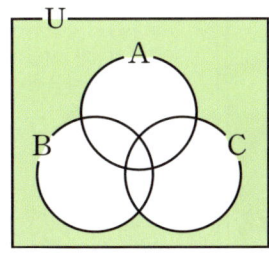

이제 세 집합에서의 포함 배제의 원리를 정리하여 보고 문제를 해결해 봅시다. 세 집합의 포함 배제의 원리를 이용하여 1에서 100까지의 자연수 중 30과 서로소인 자연수의 개수를 구해 봅시다.

> **Tip 세 집합에서의 포함 배제의 원리**
>
> 임의의 세 집합 A, B, C가 전체집합 U의 부분집합일 때, 다음이 성립한다.
> $n(A \cup B \cup C) = n(A) + n(B) + n(C) - n(A \cap B)$
> $\qquad\qquad\qquad -n(B \cap C) - n(C \cap A) + n(A \cap B \cap C)$
> $n(A^C \cap B^C \cap C^C)$
> $= n[(A \cup B \cup C)^C]$
> $= n(U) - n(A \cup B \cup C)$
> $= n(U) - n(A) - n(B) - n(C) + n(A \cap B) + n(B \cap C)$
> $\quad + n(C \cap A) - n(A \cap B \cap C)$

30=2×3×5이므로 30과 서로소인 수는 2 또는 3 또는 5를 약수로 가질 수 없습니다. 따라서 2의 배수의 집합을 A, 3의 배수의 집합을 B, 5의 배수의 집합을 C라고 할 때, $n(A)$, $n(B)$, $n(C)$를 각각 구해 봅시다.

이 문제에서의 전체집합은 1에서 100까지의 자연수 집합입니다. 즉, $n(U)=100$, $n(A)=50$, $n(B)=33$, $n(C)=20$입니다.

여기서 $n(A\cap B)$, $n(B\cap C)$, $n(C\cap A)$를 구해 봅시다.

$(A\cap B)$는 6의 배수의 집합이므로 $n(A\cap B)=16$,
$(B\cap C)$는 15의 배수의 집합이므로 $n(B\cap C)=6$,

(C∩A)는 10의 배수의 집합이므로 $n(C∩A)=10$입니다.

30과 서로소인 집합은 동시에 2의 배수의 집합, 3의 배수의 집합, 5의 배수의 집합에 포함되지 않아야 합니다. 따라서 $n(A^C∩B^C∩C^C)$을 구하는 것과 같다는 것을 알 수 있습니다.
따라서 구하는 자연수의 개수는 다음과 같습니다.

$n(A^C∩B^C∩C^C)$
$=n(U)-n(A)-n(B)-n(C)+n(A∩B)+n(B∩C)$
$\quad +n(C∩A)-n(A∩B∩C)$
$=100-50-33-20+16+6+10-3$
$=26$

즉, 1에서 100까지의 자연수 중 30과 서로소인 자연수의 개수가 26개라는 것입니다.

오늘 배운 내용이 어렵다고 생각되는 학생들은 집합에 대하여 공부할 필요가 있습니다. 오늘 설명한 포함 배제의 원리는 집합의 기본 원리를 가지고 설명되기 때문입니다. '왜 이리 어렵지?' 하고 걱정하지 말고 집합의 기본 원리를 공부하고 차근히 다시 한번 복습해 보는 시간을 가져 보기를 바랍니다. 다음 시간에는 더 재미있는 주제로 만납시다.

수업 정리

❶ 두 집합에서의 포함 배제의 원리

임의의 두 집합 A, B가 전체집합 U의 부분집합일 때, 다음이 성립합니다.

$n(A \cup B) = n(A) + n(B) - n(A \cap B)$

$n(A^C \cap B^C) = n(U) - n(A) - n(B) + n(A \cap B)$

❷ 세 집합에서의 포함 배제의 원리

두 집합 A, B를 세 집합 A, B, C로 확장하여 이때 포함 배제의 원리를 생각하면 다음과 같습니다.

$n(A \cup B \cup C) = n(A) + n(B) + n(C) - n(A \cap B)$
$\qquad\qquad\qquad - n(B \cap C) - n(C \cap A) + n(A \cap B \cap C)$

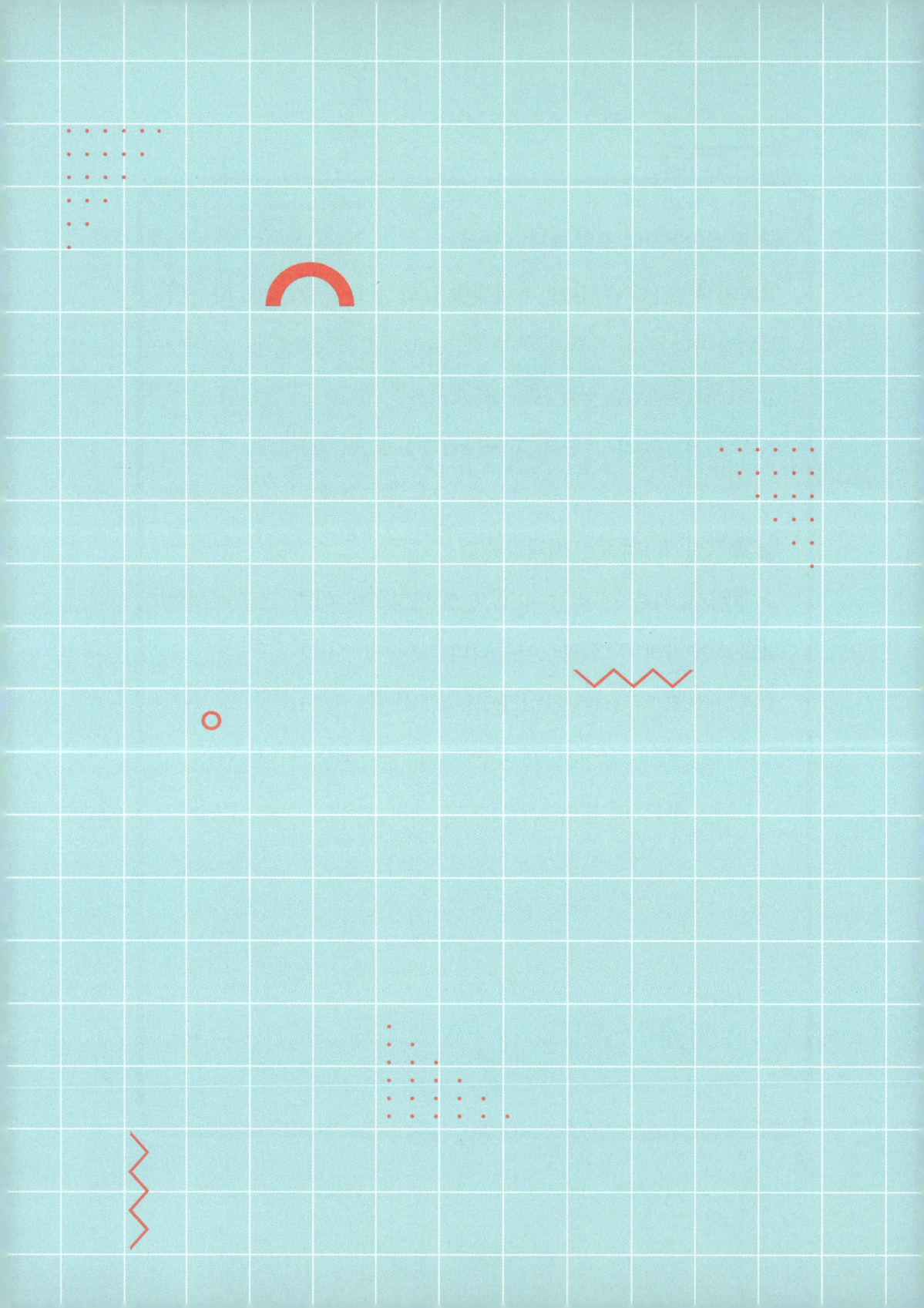

중복조합

4교시

중복조합의 원리를 이해하고
이를 실생활 문제에 적용할 수 있습니다.

수업 목표

중복조합의 원리를 이해하고 이를 실생활 문제에 적용할 수 있습니다.

미리 알면 좋아요

1. **조합** 집합에서 일부 원소를 취해 부분집합을 만드는 것을 말합니다. n개의 원소를 가지는 집합에서 r개의 부분집합을 고르는 조합의 경우의 수는 이항계수라 하며, $_nC_r$, $C(n, r)$ 또는 $\binom{n}{r}$로 나타냅니다. C는 조합을 나타내는 combination의 머리글자를 딴 것입니다.

$$_nC_r = \binom{n}{r} = \frac{n!}{r!(n-r)!}$$

2. **순열** 서로 다른 n개의 원소 중에서 r개($n \geq r$)를 뽑아서 한 줄로 세우는 경우의 수를 말합니다. $_nP_r$ 혹은 $P(n, r)$이라고 씁니다. 이 기호는 순열을 나타내는 permutation의 머리글자를 딴 것입니다.

$$P(n, r) = n \times (n-1) \times (n-2) \times \cdots\cdots \times (n-r+1)$$

디리클레의
네 번째 수업

"안녕하세요, 디리클레 선생님!"

네, 안녕하세요? 오늘은 지난 시간에 이야기한 대로 조합이라는 주제로 수업하려고 합니다. 조합은 수학의 한 분야로 연속적이지 않고 독립적으로 구별되는 대상을 연구하는 학문입니다. 조합의 기본어쩌면 모든 것의 기본이라고 하면 개수를 세는 것입니다. 어떤 대상이 몇 개인지 세는 것은 아주 쉽고 또 중요한 일입니다. 일상생활에서도 우리는 셀 수 없이 많이 무언가를 세고 있지요. 내 지갑에 남은 천 원짜리가 몇 개인지 세고, 숙제를 내야 하는 날까지 남은 기간이 며칠인지, 남은 과자의 개수는 몇 개인지 등등……. 우리가 식당에 가면 종업원에게 가장 먼저 듣는 말 또한 이것입니다. "몇 분이세요?" 이처럼 우리는 매일같이 개수를 세므로 조합을 공부하는 데 준비가 된 셈이라고 할 수 있지요.

"세는 것은 자신 있어요."

"세는 것을 못하는 사람이 어디 있니? 여섯 살짜리 내 동생도 하는걸."

하하하! 조합의 기본이 세는 것이라, 셀 수 있다면 조합을 공부할 준비가 되어 있다는 말이지요.

오늘도 예를 들면서 시작해 볼까요? 집합 $A = \{x, y, z, w\}$에서 2개의 원소를 선택하는 조합의 수를 구해 봅시다. 조합은 순서를 생각하는 순열과는 달리 선택된 순서와는 상관이 없습니다. 즉, xy를 선택하는 방법과 yx를 선택하는 방법이 동일한 선택으로 간주됩니다.

따라서 집합 A에서 2개의 원소를 선택하는 경우를 살펴보면 다음과 같습니다.

xy, xz, xw, yz, yw, zw

즉, 총 조합의 수는 6가지입니다.

> **Tip 정의**
>
> 원소 n개를 갖는 집합에서 중복을 허용하지 않고 순서에 상관없이 r개의 원소를 선택하는 방법을 $r-$조합이라고 합니다.

문방구에서 물건을 사거나 특기 적성 활동반을 신청하는 등 우리는 살아가면서 많은 선택을 합니다. 조합은 여러 가지 상황에서 일어나는 선택의 방법과 그 수에 대하여 알아보는 것이므로 실생활과 밀접한 관계가 있습니다.

"저는 항상 문방구에 가면 고민을 해요. 어떤 것을 사야 할지 선택의 고민이지요. 조합을 배우면 선택을 더 잘할 수 있을까요?"

"그런 이야기가 아니잖아. 네가 선택할 수 있는 가능한 방법에 대한 이야기인걸. 오늘 조합 공부는 어째 내가 더 잘할 것 같은데. 하하."

"그런데 디리클레 선생님. 순서와 상관이 없다는 것은 어떤 뜻인가요?"

먼저 소현이가 고민하는 것과 직접적인 관계는 없지만 어쨌든 소현이가 어떤 선택을 할 수 있는지 모든 가짓수를 살펴볼 수 있는 주제이기 때문에 조금은 도움이 되지 않을까요?

일단 조합에서 순서를 생각하지 않는다는 부분이 이해가 잘 되지 않는 재호를 위해서 앞의 문제를 다시 한번 생각해 보도록 하지요.

집합 $A = \{x, y, z, w\}$에서 2개의 원소를 선택하는 방법을 순서를 생각하여 센다면 $xy, xz, xw, yx, yz, yw, zx, zy, zw, wx, wy, wz$로 모두 12가시가 됩니다.

이 집합 A에서 2개의 원소를 선택하되 순서는 고려하지 않고 중복을 허락한다는 조건으로 바뀌면 어떻게 될까요? 중복을 허락한다는 말은 같은 문자를 두 번 선택하여도 된다는 뜻입니다. 따라서 집합 A에서 2개의 원소를 순서를 생각하지 않고 중복을 허락하여 선택하는 경우는 다음과 같습니다.

 xx, xy, xz, xw, yy, yz, yw, zz, zw, ww로 모두 10가지가 됩니다.

이번 시간에는 이러한 중복 조합에 대하여 자세히 이야기해 보려고 합니다.

> **Tip 정의**
>
> 원소 n개를 갖는 집합에서 r개의 원소를 중복을 허용하고, 순서에 상관없이 선택하는 방법을 $r-$중복조합이라고 말합니다.

쉬운 예를 하나 더 들어 봅시다. 집합 $S=\{a, b\}$에서 $3-$중복조합의 각 경우를 나열하고 경우의 수를 구해 봅시다.

집합 S의 원소 a, b로 만들 수 있는 $3-$중복조합은 다음과 같습니다.

aaa, aab, abb, bbb

그러므로 집합 S의 원소 2개로 만들 수 있는 $3-$중복조합의 수는 4가지입니다.

"아하! 그렇군요. 이제 순서라는 말과 중복이라는 말의 의미를 완전히 알겠어요."

그렇다면 이러한 $r-$조합이나 $r-$중복조합의 경우의 수를 어떻게 구하느냐가 문제로 남습니다. 간단한 문제는 모든 경우를 찾아 세어 보는 방법을 사용하면 됩니다. 다소 오래 걸릴 수도 있지만 가장 확실한 방법이지요.

"하지만 구하고자 하는 경우가 많아지면 다 셀 수 있나요? 복잡할 것 같은데······."

네, 소현이 말이 맞아요. 경우의 수가 20을 넘어 그 이상이 되면 각각의 경우를 찾아내어 그 수를 세기란 쉽지 않게 됩니다. 예를 들어 다음과 같은 문제를 살펴봅시다.

쏙쏙 문제 풀기

> A초등학교 5학년 1반은 총 30명의 학생으로 이루어져 있다. 이 학급에서 한 학기 동안 학급을 이끌어 나갈 학급 위원 2명을 선출하고자 한다. 학급 위원을 선출하는 방법의 수를 구하시오.

학급 위원 2명 사이에는 순서가 존재하지 않습니다. 따라서 학급 위원 2명을 선택하는 방법의 수는 2-조합을 구하는 것과 같습니다. 학생이 모두 30명이라고 하였으므로 임의로 1~30까지의 번호를 붙이고 순서를 생각하지 않고 2명을 선택하는 경우의 수를 구하면 다음과 같습니다.

(1, 2), (1, 3), (1, 4), (1, 5), (1, 6), (1, 7), (1, 8), (1, 9), (1, 10), (1, 11), (1, 12), (1, 13), (1, 14), (1, 15), (1, 16), (1, 17), (1, 18), (1, 19), (1, 20), (1, 21), (1, 22), (1, 23), (1, 24), (1, 25), (1, 26), (1, 27), (1, 28), (1, 29), (1, 30), ……

아직 모든 경우를 구하기에는 멀었다는 생각이 들지요? 모두 몇 가지 방법이나 있을까요? 경우를 모두 나열하지 말고 찬찬히 경우의 수를 생각해 봅시다.

먼저 1번 학생이 누군가와 같이 학급 위원이 되는 경우는 위에서 나열해 놓은 것과 같이 모두 29가지입니다. 그다음 2번 학생이 누군가와 같이 학급 위원이 되는 경우는 28가지입니다. 그다음 3번 학생이 누군가와 같이 학급 위원이 되는 경우는 27가지입니다. 이러한 방식으로 모든 경우의 수를 구하면 다음과 같습니다.

$$29+28+27+26+25+24+23+22+\cdots\cdots$$
$$+5+4+3+2+1=435$$

사람들은 이러한 $r-$조합의 경우의 수에 대하여 많은 연구를 해 왔답니다. 연구 결과 n개의 원소를 갖는 집합으로부터 중복을 허용하지 않고 순서에 상관없이 r개의 원소를 택하는 $r-$조합의 경우의 수는 다음 공식을 따른다는 것이 알려져 있습니다.

$$C(n,r)=\frac{n!}{r!(n-r)!}$$

위에서 소개한 $r-$조합의 경우의 수는 $r-$순열의 공식을 이용하여 구할 수 있습니다. $r-$순열을 정의하면 원소의 개수가 r개인 각각의 집합을 구한 후 집합마다 순서를 정하는 방법의 수와 같습니다. 즉, $P(n,r)=C(n,r)r!$입니다.

그러므로 다음이 성립합니다.

$$\begin{aligned}C(n,r)&=\frac{P(n,r)}{r!}\\&=\frac{n\times(n-1)\times\cdots\cdots\times(n-r+1)}{r!}\\&=\frac{n!}{r!(n-r)!}\end{aligned}$$

 아 참, 팩토리얼factorial 기호에 대하여 생소한 학생들도 있겠군요. 계승, 차례곱이라고도 합니다. 기호로는 '$n!$'과 같이 느낌표!를 사용하며 1808년 수학자 크리스티앙 크랑Christian Kramp, 1760~1826가 처음으로 썼습니다. 예를 들어 $3!=3\times2\times1=6$, $4!=4\times3\times2\times1=24$를 의미합니다.

즉, $n!=n\times(n-1)\times(n-2)\times\cdots\cdots\times2\times1$이라고 할 수 있습니다.

"디리클레 선생님. 오늘은 제가 잘 이해가 안 돼요."

지난번 시간의 재호처럼 소현이가 팩토리얼과 조합의 공식들에 익숙하지 못한 까닭입니다.

"그것 봐! 지난 시간의 내 어려움을 알겠지? '100% 활용하기'를 읽어 봐. 나는 도움을 많이 받았어."

"그래, 알았다."

그럼 이 공식을 이용하여 앞에서 제시한 A초등학교 5학년 1반의 학급 위원 2명을 선출하는 방법의 수를 구해 봅시다.

학급 위원 2명 사이에는 순서가 존재하지 않습니다. 따라서 학급 위원 2명을 선택하는 방법의 수는 2-조합을 구하는 수와 같습니다.

$$C(30,2)=\frac{30!}{2!(30-2)!}=\frac{30!}{2!28!}=\frac{30\times29}{2\times1}=435$$

즉, 30명의 학급 학생 중에서 2명의 학급 위원을 선출하는 방법의 수는 435가지입니다.

공식을 이해하여 사용할 수 있다면, 경우의 수를 구하는 방법이 조금은 쉬워질 수 있답니다. 앞에서 학급 위원 2명을 선출하는 문제는 순서는 없지만 한 사람이 2명의 역할을 할 수 없기 때문에 중복을 허용하지는 않습니다. 그렇다면 우리가 이번 시간에 관심을 가지고 공부하기로 한 중복조합은 조금 쉽게 경우의 수를 구할 수 있는 방법이 없을까요?

"중복을 할 수 있다는 것 때문에 정해진 방법이 있을 것 같지 않은데……."

"그럼 많은 경우를 다 세어야 한다는 결론이 나오는데, 그렇지는 않을 것 같아. 조합을 이용해서 중복조합의 경우도 셀 수 있는 방법이 있지 않을까?"

그럼 방법을 알아내기 위해서 다음의 문제로 이야기를 계속해 봅시다. 5명의 학생이 문예 창작, 영어 회화, 재즈 댄스 등 3개의 특기 적성반에 나누어 가입하려고 합니다. 학생들이 특기 적성반에 나누어 가입할 수 있는 경우의 수를 구해 봅시다.

특기 적성반에 가입한 학생들을 파악하기 위해 다음과 같은 체크리스트를 만들어 봅시다.

[문예 창작] / [영어 회화] / [재즈 댄스]

위 체크리스트는 각 동아리를 /로 구분하고, 각 동아리에 가입한 학생의 수를 ✓표로 표시하는 리스트입니다.

예를 들어 문예 창작에 2명, 영어 회화에 1명, 재즈 댄스에 2명이 가입한 경우 체크리스트는 ✓✓ / ✓ / ✓✓ 가 됩니다. 다른 예로 ✓✓✓ // ✓✓ 와 같은 체크리스트는 문예 창작에 3명, 재즈 댄스에는 2명이 가입했지만, 영어 회화 특기 적성반에는 1명도 가입하지 않았음을 의미합니다. 즉, 5명의 학생이 3개의 특기 적성반에 가입하는 문제는 5개의 ✓와 2개의 /를 7개의 칸에 넣는 문제와 같습니다. 따라서 5개의 ✓를 7개의 칸에 나누어 넣고 나머지 2개의 칸에 /를 넣으면 되므로 곱셈법칙에 따라 다음의 식을 세울 수 있습니다.

$$C(7,5) \cdot C(2,2) = \frac{7!}{5!2!} \cdot \frac{2!}{2!0!} = 21$$

또한 3개의 원소의 집합으로부터 5-조합의 수를 구하는 방법으로 풀이할 수도 있습니다.

$$C(3+5-1, 5) = C(7, 5) = \frac{7!}{5!2!} = \frac{7 \times 6}{2 \times 1} = 21$$

그러므로 5명의 학생이 3개의 특기 적성반에 가입하는 방법의 수는 21가지입니다. 이 문제를 좀 더 일반화하면 다음과 같은 공식을 얻을 수 있습니다. 즉, 원소 n개를 갖는 집합에서 $r-$중복조합의 경우의 수는 다음과 같습니다.

$$C(n+r-1, r)$$

앞의 특기 적성반에 가입하는 문제에서 알 수 있듯이 n개의 원소에서 $r-$중복조합을 구하는 문제는 r개의 3와 $(n-1)$개의 /를 $(r+n-1)$개의 빈칸에 넣는 문제와 같습니다. 그러므로 $C(n+r-1, r)$가 성립한다고 할 수 있습니다.

"그렇구나. 내 예상이 어느 정도 맞았는데. 디리클레 선생님, 정말 재미있는 결론인데요?"

이런 것이 수학의 묘미가 아닐까 싶네요. 조합의 원리와 방법을 이용하여 중복조합을 구하는 방법을 또 알아내고……. 그런데 소현이는 아직 아리송한 모양이네요?

"디리클레 선생님. 쉬운 예 1가지만 이야기해 주세요."

그럼 다양한 예를 들어 r-중복조합의 문제를 해결해 봅시다.

> **쏙쏙 문제 풀기**
>
> 어떤 패스트푸드점에서는 콜라, 사이다, 오렌지주스, 우유 이렇게 총 4가지 음료가 제공된다. 10명의 손님이 음료를 선택하는 경우의 수는 몇 가지가 되는지 구하시오.

음료를 주문하는 것은 순서와 무관하며 같은 음료를 중복해서 주문해도 상관이 없습니다. 따라서 중복조합의 문제이므로 위에서 설명한 대로 바꾸어 생각해 봅시다.

콜라/사이다/오렌지주스/우유의 체크리스트에 10개의 학생 수를 ✓표로 표시하는 방법을 구하는 것과 같은 문제입니다. 즉, 10개의 ✓와 3개의 /를 13개의 빈칸에 넣는 문제와 같다고 할 수 있습니다. 따라서 다음의 공식을 적용할 수 있습니다.

$$C(4+10-1, 10) = C(13, 10) = \frac{13!}{10!\,3!} = \frac{13 \times 12 \times 11}{3 \times 2 \times 1} = 286$$

그러므로 4가지 음료 메뉴 중에서 선택하여 10명의 손님이 음료를 주문하는 방법의 수는 286가지나 됩니다. 이 정도 경우의 수가 나온다면 일일이 하나씩 세어서 구한다는 것은 힘든 일이 되겠지요. 비슷한 중복조합 문제를 더 해결하여 봅시다.

> **쏙쏙 문제 풀기**
>
> 집합 S={1, 2, 3, 4}에서 3개의 원소를 선택하는 중복조합의 수는 얼마인지 구하시오.

같은 숫자를 여러 번 선택해도 되고, $n=4$, $r=3$이므로 $C(4+3-1, 3)=C(6, 3)=\dfrac{6!}{3!3!}=20$이 됩니다. 이 문제의 모든 경우의 수를 나열하여 봅시다. 기준을 정하여 차근차근 세어 봅시다. 20가지 경우 중 1가지라도 빠뜨린다면, 답을 구하는 데 실패하니까요.

먼저, 선택한 3개의 수가 모두 같은 경우 : 4가지

111, 222, 333, 444

선택한 3개의 수 중에서 2개의 수가 같은 경우 : 12가지

112, 113, 114, 221, 223, 224, 331, 332, 334, 441, 442, 443

선택한 3개의 수가 모두 다른 경우 : 4가지
123, 124, 134, 234

따라서 r-중복조합의 공식을 이용한 것과 같은 결과가 나옴을 알 수 있습니다. 이 문제의 경우에는 직접 나열하여 세어 본다고 해도 가능할뿐더러 많은 시간을 요하지 않습니다. 하지만 많은 중복조합의 문제는 중복을 허락하기 때문에 그 경우의 수가 커질 수밖에 없습니다. 다음 문제를 살펴봅시다.

문제 풀기

12권의 동일한 공책을 진희, 민수, 다연, 상호에게 나눠 주는 방법의 수는 몇 가지인지 구하시오.

이 문제는 {진희, 민수, 다연, 상호}의 집합에서 12개를 선택하는 문제와 같습니다. 즉, 중복조합 문제이지요. 이것을 나열하여 문제를 해결한다면 오늘 남은 시간을 모두 할애한다고 해도 답을 구할 수 있을지 의문입니다. 왜냐하면 진희 / 민수 / 다연 / 상호와 같은 체크리스트를 만들고 여기에 12개의 3표를 하는 방법의 수를 구하는 것이니까요.

따라서 앞에서 제시한 대로 $n=4$이고 $r=12$인 12-중복조합 문제로 파악하였다면, $C(4+12-1, 12)=C(15, 12)=\frac{15!}{12!3!}=\frac{15\times14\times13}{3\times2\times1}=455$가 됨을 알 수 있습니다.

"아하! 다양한 예를 보니 저도 이제 문제를 해결할 수 있겠네요. 고맙습니다, 선생님!"

"모르겠으면 나한테 물어봐! 나는 이제 조합 박사니까! 오늘은 내가 잘난 척쟁이가 되는걸? 하하."

잠깐 정리하고 오늘 수업을 마칠까 합니다. 지금까지 공부한 조합이란 주어진 대상 중에서 일부를 선택한 결과를 말하는 것입니다. 이렇게 주어진 대상 중에서 일부를 뽑아낼 때, 뽑힌 대상의 구성원이 달라지는 경우는 얼마나 많이 있을까 하는 문제를 해결하는 것이 여러분의 목표라고 할 수 있지요. 또한 중복조합은 경우의 수를 계산하는 데 자주 나오는 개념으로 적용 범위가 매우 넓습니다. 따라서 개념을 확실하게 이해하고 실생활에 적용할 수 있는 문제를 많이 풀어 보는 것이 가장 좋습니다. 다음 시간에는 오늘 배운 주제와 유사한 점이 있는 집합의 분할을 공부해 볼 예정입니다. 그러니까 오늘 배운 주제를 완전히 이해하는 것이 다음 시간의 공부에 많은 도움이 됩니다. 복습! 잊지 마세요.

수업정리

❶ 조합

원소 n개를 갖는 집합에서 중복을 허용하지 않고 순서에 상관없이 r개의 원소를 선택하는 방법을 r-조합이라고 합니다. 이때 경우의 수는 다음과 같이 구합니다.

$$C(n,r) = \frac{P(n,r)}{r!} = \frac{n \times (n-1) \times \cdots \times (n-r+1)}{r!}$$

$$= \frac{n!}{r!(n-r)!}$$

❷ 중복조합

원소 n개를 갖는 집합에서 r개의 원소를 중복을 허용하고, 순서에 상관없이 선택하는 방법을 r-중복조합이라고 말합니다. 이때 경우의 수는 다음과 같이 구합니다.

$$C(n+r-1, r) = \frac{P(n+r-1, r)}{r!}$$

$$= \frac{(n+r-1) \times (n+r-2) \times \cdots \times n}{r!}$$

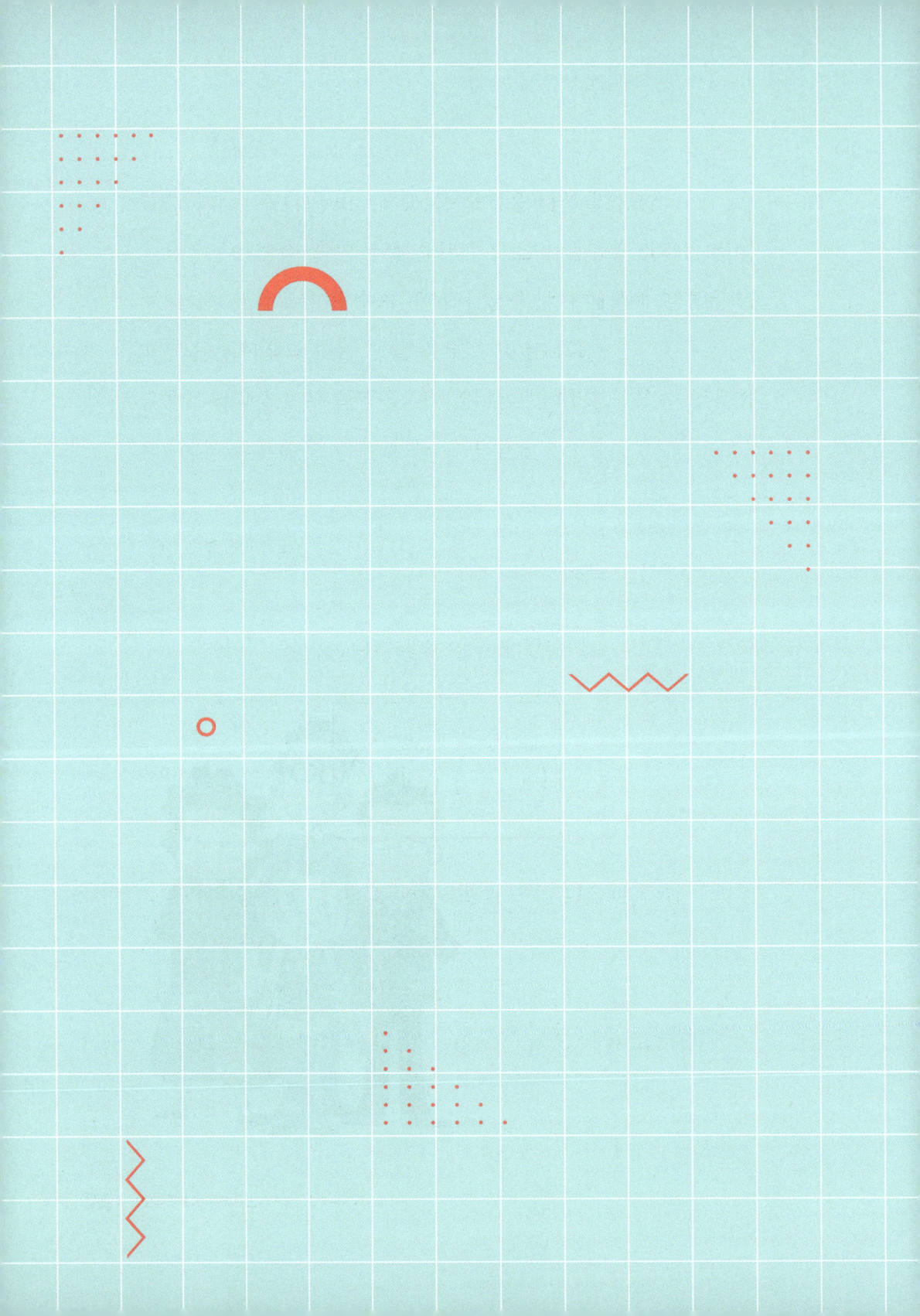

생성함수

5교시

생성함수의 개념을 이해하고
이를 문제에 적용할 수 있습니다.

수업 목표

생성함수의 개념을 이해하고 이를 문제에 적용할 수 있습니다.

미리 알면 좋아요

파스칼의 삼각형 수학에서 이항계수를 삼각형 모양의 기하학적 형태로 배열한 것입니다. 이것은 블레즈 파스칼에 의해 이름 붙여졌으나 이미 수세기 전에 다른 사람들에게서 연구된 것이라고 합니다. 그 형태는 다음과 같습니다.

```
            1
          1   1
        1   2   1
      1   3   3   1
    1   4   6   4   1
  1   5  10  10   5   1
            ⋮
```

디리클레의
다섯 번째 수업

　안녕하세요? 다섯 번째 시간이군요. 지금까지 우리는 주로 세는 것과 관련된 주제를 공부해 왔습니다. 수학에서는 물론 다른 자연 과학이나 실생활에서 우리는 어떤 것을 세어야 할 때가 많습니다. 어떤 것을 센다는 것은 자연수를 이용하여 세려고 하는 대상에 1부터 차례로 번호를 매기는 것이므로, 세기에 가장 좋은 방법은 세려고 하는 대상을 일렬로 나열하고, 나열된 것을 처음부터 차례로 세어 나가는 것이라고 할 수 있지요.

그러나 나열한 것이 너무 많거나 주어진 조건이 까다로워 일일이 나열하기 쉽지 않을 때가 많다는 것을 앞 시간의 수업을 통해서 알게 되었으리라고 생각합니다. 이번 시간에도 주어진 조건에 맞는 대상을 효과적으로 나열할 수 있는 방법과 일일이 나열하지 않고 셀 수 있는 방법에 대하여 알아보도록 합시다.

"맞아! 오늘 배울 내용을 지난 시간 끝날 때 여쭈어본다는 것을 잊었다!"

"오늘도 세는 방법과 관련된 것인가요?"

네~ 앞에서 이야기한 대로 주어진 대상을 효과적으로 나열하는 방법과 또 나열하지 않고 셀 수 있는 방법에 대한 이야기를 해 보려고 합니다. 오늘의 주제는 생성함수입니다.

"함수는 많이 들어 봤지만 생성함수는 처음이에요."

"그건 나도 마찬가지인데……."

생소하다고요? 그럴 수 있습니다. 조금 어려운 주제이니까요. 그렇다고 걱정하지는 마세요. 여러분이 아는 내용부터 쉽게 접근해 보도록 합시다. 또한 이러한 생성함수를 배우고 나면 지난 시간에 배웠던 중복조합의 문제를 해결하는 데도 매우 유용하답니다.

생성함수는 세기 방법의 중요한 도구 중 하나로 다소 추상적이나 일단 한번 이해하면 여러 형태의 문제를 손쉽게 해결할 수 있게 해 줍니다. 비둘기집의 원리를 공부할 때도 내가 했던 이야기라고요? 생성함수는 특히 어떤 특별한 조건이 주어진 중복조합에 관한 문제를 해결하는 데 무척 유용하답니다. 항상 기본이 중요하다고 말했지요? 우리가 알고 있는 기본적인 내용부터 시작해 봅시다!

예를 들어 방정식을 전개할 때 방정식의 차수가 높아지면 그만큼 전개식이 복잡하고 어려워집니다. 예를 들면 $(a+b)^{10}$ 식을 전개하는 문제는 $(x+y)^2$을 전개하는 것처럼 간단히 해결

될 문제가 아니지요. 그런데 이런 방정식 전개에 앞 시간에 배운 조합을 활용하면 문제를 간단히 해결할 수 있습니다.

$(a+b)^n$에서 $a^{n-k}b^k$ 형태의 항은 k개의 인수에서 b를 선택하고, $(n-k)$개의 인수에서 a를 선택하여 얻어집니다. 이것은 $C(n, k)$인 조합의 문제로 해석할 수 있는데, n개의 원소에서 k개의 조합을 구한 것이 $a^{n-k}b^k$의 계수와 일치하기 때문입니다.

하하, 소현이와 재호의 표정이 좋지 않네요. 어려운 이야기로 시작했나 보군요. 좀 더 쉬운 이야기해 보겠습니다.

17세기 프랑스 수학자 파스칼Blaise Pascal, 1623~1662은 삼각형 형태로 다차원의 복잡한 방정식에 대한 계수를 정리하였습니다. 이를 파스칼의 삼각형Pascal's Triangle이라고 합니다.

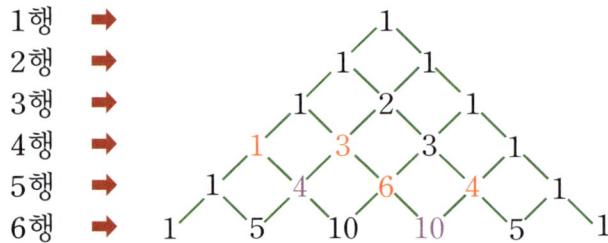

위의 그림에서 보면 파스칼의 삼각형의 바깥쪽 경계에는 모

두 1인 값을 갖고, 바깥쪽 부분을 제외한 안쪽 부분의 값은 모두 바로 윗줄에 존재하는 두 수를 더함으로써 얻어집니다. 예를 들면 5행의 4라는 값은 바로 윗줄의 첫 번째 1과 두 번째 3을 더하여 얻은 수고, 6행의 10이라는 값은 바로 윗줄의 세 번째 6과 네 번째 4를 합하여 얻은 수입니다. 그렇다면 위에서 제시한 파스칼 삼각형의 다음 행인 7행은 1 6 15 20 15 6 1이 되겠지요. 그다음 줄인 8행은 어떻게 될까요?

파스칼 삼각형에서 각 행을 전개하면 가장 바깥쪽 양끝에 1을 두고, 그다음 값은 바로 윗줄의 두 숫자를 서로 더하여 구하면 되므로 다음과 같이 구하면 되겠지요.

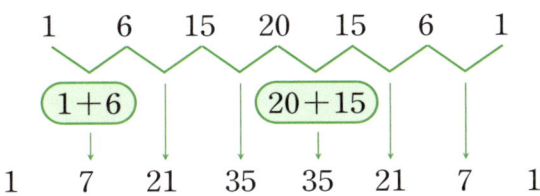

따라서 다음으로 전개될 수는 1 7 21 35 35 21 7 1입니다.

"그런데 디리클레 선생님. 갑자기 파스칼 삼각형의 이야기는 왜 하신 거예요? 생성함수와 무슨 관계가 있나요?"

이러한 파스칼의 삼각형이 생성함수와 어떤 관련이 있는지 궁금하다고요? 잠시 기다려 주세요. 이제 차차 풀어 나가 봅시다. 위에서 구한 8행을 살펴볼까요? 이것은 방정식에서 다음과 같은 의미를 갖습니다.

$$(1+x)^7 = 1+7x+21x^2+35x^3+35x^4+21x^5+7x^6+1x^7$$

이러한 결과를 일반화시키기 위하여 파스칼의 삼각형을 다시 정리해 볼 필요가 있습니다.

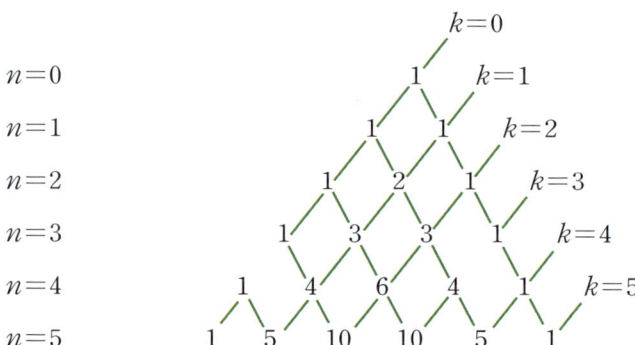

즉, 여기서 n번째 행의 k번째 수는 이항계수 $\binom{n}{k} = C(n, k) = \dfrac{n!}{k!(n-k)!}$ 라는 것입니다.

따라서 다음과 같은 항등식이 성립하게 됩니다.

$$(1+x)=1+x$$
$$(1+x)^2=1+2x+x^2$$
$$(1+x)^3=1+3x+3x^2+x^3$$
$$(1+x)^4=1+4x+6x^2+4x^4+x^4$$
$$(1+x)^5=1+5x+10x^2+10x^3+5x^4+x^5$$
$$\cdots\cdots$$
$$(1+x)^n=\binom{n}{0}+\binom{n}{1}x+\binom{n}{2}x^2+\cdots\cdots+\binom{n}{k}x^k+\cdots\cdots+\binom{n}{n}x^n$$

위의 항등식에서 $(1+x)^n$은 바로 n개의 원소에서 k개를 뽑는 경우의 수에 대한 생성함수가 됩니다. 일반적인 생성함수의 형태를 살펴보면 다음과 같습니다.

> **Tip 생성함수의 정의**
>
> a_r을 r개의 자료로 나타낼 수 있는 모든 경우의 수라고 하자. 만약 $g(x)$가 a_r에 대하여 다음과 같은 다항식을 갖는다고 하자.
> $$g(x)=a_0+a_1x+a_2x^2+\cdots\cdots+a_rx^r+\cdots\cdots$$
> 이때, $g(x)$를 생성함수라 한다.

"디리클레 선생님! 일반적인 형태의 생성함수 이야기를 더 자세히 해 주세요."

"저도 파스칼 삼각형에서까지는 이해가 되었는데, 생성함수 정의는 너무 새로워요."

네, 자세히 이야기하도록 하겠습니다. 정의가 잘 이해되지 않는다고 해서 걱정할 것은 아닙니다.

n개의 집합으로부터 r개의 부분집합을 선택하는 방법의 수 $a_r = C(n, r)$에 대한 생성함수는 앞에서 말한 대로 $g(x) = (1+x)^n$입니다. 여기서 $(a+x)^3$을 직접 전개함으로써 $(1+x)^n$의 전개식을 유도하도록 해 봅시다.

$(a+x)(a+x)(a+x)$
$= aaa + aax + axa + axx + xaa + xax + xxa + xxx$

위에서 $a=1$일 때, 다음과 같은 식을 얻습니다.

$(1+x)(1+x)(1+x)$
$= 111 + 11x + 1x1 + 1xx + x11 + x1x + xx1 + xxx$

$(1+x)^3$에서 x^r의 계수를 결정하는 문제는 더 나아가서 $(1+x)^n$의 계수를 결정하는 문제이며, 이는 정확이 $(n-r)$개의 1과 r개의 x를 선택하여 곱한 서로 다른 곱의 수를 세는 문제로 함축됩니다. 따라서 $(1+x)^3$에서 x^r의 계수는 $C(3, r)$이고 $(1+x)^n$의 계수는 $C(n, r)$이 되는 것이지요.

"$(1+x)(1+x)(1+x)$을 전개하는 것을 보니 이해가 돼요."

"소현아, 우리 $(1+x)(1+x)(1+x)(1+x)$도 전개해서 계수를 알아보자. 그리고 파스칼 삼각형과 비교해 보자."

"그래. 우리 오늘은 같이 공부하는 게 좋겠다."

오늘 배운 주제인 생성함수는 생소하였을 뿐만 아니라 여러분에게 다소 어렵게 느껴졌으리라고 생각됩니다. 하지만 복습을 게을리하지 않는다면 생성함수도 우리의 것으로 정복할 수 있습니다. 복습! 잊지 마세요.

참! 다음 시간에는 수를 분할하는 이야기를 하려고 합니다. 지금까지 우리가 수를 세는 것에 초점을 맞추었다면 이번에는 하나의 수를 여러 가지 방법으로 나누는 경우의 수를 이야기를 해 보려고 합니다. 역시 경우를 나누어 수를 세기는 해야겠네요. 하하하! 그럼 다음 시간에 만납시다.

수업 정리

생성함수

$(1+x)^7$을 전개하면 다음과 같습니다.

$(1+x)^7 = 1 + 7x + 21x^2 + 35x^3 + 35x^4 + 21x^5 + 7x^6 + 1x^7$

이 식에서 각 계수는 파스칼 삼각형의 8행과 같습니다. 또한 이 것을 일반화하면 n행의 k번째 수는 이항계수 $\binom{k}{n} = C(n, k) = \dfrac{n!}{k!(n-k)!}$ 입니다.

따라서 다음과 같은 항등식이 성립하게 됩니다.

$(1+x)^n = \binom{n}{0} + \binom{n}{1}x + \binom{n}{2}x^2 + \cdots\cdots + \binom{n}{k}x^k + \cdots\cdots + \binom{n}{n}x^n$

이때 생성함수를 다음과 같이 정의할 수 있습니다.

> **Tip 생성함수의 정의**
>
> a_r을 r개의 자료로 나타낼 수 있는 모든 경우의 수라고 하자. 만약 $g(x)$가 a_r에 대하여 다음과 같은 다항식을 갖는다고 하자.
>
> $$g(x) = a_0 + a_1 x + a_2 x^2 + \cdots\cdots + a_r x^r + \cdots\cdots$$
>
> 이때, $g(x)$를 생성함수라 한다.

6교시

수의 분할

수의 분할의 개념을 이해하고
이를 문제에 적용할 수 있습니다.

수업 목표

수의 분할의 개념을 이해하고 이를 문제에 적용할 수 있습니다.

미리 알면 좋아요

수의 분할 자연수 n에 대한 분할partition이란 원소의 총합이 n이 되는 자연수의 집합을 의미합니다. 예를 들어 10원, 50원의 동전이 있다고 할 때, 100원을 지불하는 경우의 수는 다음과 같습니다.

$100 = 50 + 50$
$\quad\ = 50 + 10 + 10 + 10 + 10 + 10$
$\quad\ = 10 + 10 + 10 + 10 + 10 + 10 + 10 + 10 + 10 + 10$

디리클레의
여섯 번째 수업

    오늘은 지난 시간에 이야기한 대로 수를 분할하는 경우에 대하여 이야기해 보려고 합니다. 사람들은 이러한 것을 분할수라고 부르기도 하지요.

  "분할수요? 수를 어떻게 자르나요?"

  "자르는 게 아니라 분할이잖아~ 선생님 이야기를 끝까지 들어 봐."

    여기서 말하는 수의 분할이란 예를 들어서 주어진 자연수를 자연수 몇 개로 쪼개서 그 합으로 쓸 수 있는 방법의 수를 말합니다. 가령 주어진 수가 3이라면, 1+1+1, 2+1, 3 이렇게 3가지 방법으로, 주어진 자연수가 5라면 1+1+1+1+1, 2+1+1+1, 2+2+1, 3+1+1, 3+2, 4+1, 5 이렇게 7가지 방법으로 분할하여 나타낼 수 있다는 것이지요.

"아~ 이제 느낌이 팍팍 오는데요?"

"디리클레 선생님, 오늘은 재호가 빨리 느낌이 오는 것 같네요."

그럼 먼저 돈을 지불하는 방법에 대하여 생각해 보기로 하겠습니다. 오늘 공부하게 될 내용 역시 기본적으로 세는 것과 관련이 있습니다. 세기는 수학에서 가장 기본적인 활동이지만, 그 수가 커지면 일반적으로 규칙을 찾아야 하는 문제에 부딪히게 됩니다. 우리는 일단 쉬운 문제로 시작해 볼까요?

만약에 1원, 2원, 3원, 4원, ……으로 되어 있는 동전이 있다고 합시다. 일반적으로 합계 n원을 내기 위한 동전의 조합이 몇 가지 있는지 생각해 봅시다. 이 조합의 개수를 P_n이라고 합시다.

각 지불 방법을 n의 분할이라고 부르고, 분할의 개수, 즉 P_n을 n의 분할수라고 부른다.

예를 들어, 3원을 지불하는 방법에는 '3원 동전 1개', '2원 동전 1개와 1원 동전 1개', '1원 동전 3개'라는 3가지 방법이 있기 때문에 $P_3=3$입니다.

그럼 이제 P_9을 구해 봅시다. P_9는 여러분이 생각하는 대로 합계 9원을 지불하는 경우의 수입니다. 즉, '1원 동전을 쓸 때', '2원 동전을 쓸 때', ……와 같이 차근차근 생각하면 되는 문제입니다.

그런데 문제는 같은 액면의 동전을 여러 개 사용해도 되기 때문에 1원을 쓸 때도 '몇 개를 쓸 것인가.'라는 점까지 생각해야 하는 것이지요. P_9은 어찌어찌하여 구한다 하더라도 P_{15}를 구하라고 하면 어떨까요? '엄청난 수'가 되지 않을까요?

"헉! 이번에는 느낌이 오지 않는데요?"

"분할되는 경우의 수가 생각보다 커질 것 같아요. 이것을 우리가 다 셀 수 있을까요?"

액면이 자연수1, 2, 3, 4, ……로 되어 있는 특이한 동전이 있고 그 동전을 사용해서 n원을 지불하는 것이므로 지불 방법의 경우의 수, 즉 분할수 P_n을 구하는 문제인 것이지요. 작은 수를 예로 들어 생각해 봐야겠죠? 구체적인 예로 감각을 찾는 것은 매우 중요합니다."

구체적인 수로 시작해서 규칙을 찾아 나가 볼까요? n이 0일 때부터 생각해 봅시다.

$n=0$일 때, 즉 지불할 금액이 0원일 때는 '지불하지 않는다.'라는 방법 하나만 있습니다. 따라서 경우의 수는 1입니다. $P_0=1$이라고 할 수 있지요.

$P_0=1$　　　　0원을 지불하는 방법은 1가지

$n=1$일 때는 '1원 동전을 1개 사용한다.'라는 방법 1가지뿐이므로, $P_1=1$입니다.

$P_1 = 1$　　　　　1원을 지불하는 방법은 1가지

$n=2$일 때는 '2원 동전을 1개 사용한다.'와 '1원 동전을 2개 사용한다.'라는 방법이 있으므로, $P_2 = 2$입니다.

$P_2 = 2$　　　　　2원을 지불하는 방법은 2가지

$n=3$일 때는 '3원 동전을 1개 사용한다.'와 '2원 동전 1개와 1원 동전 1개를 사용한다.', '1원 동전을 3개 사용한다.'의 3가지입니다.

이렇게 글로 써 나가는 것은 좀 번거로우니까 '2원 동전을 1개, 1원 동전을 1개 사용한다.'라는 지불 방법을 2+1과 같이 표현합시다. 즉, 다음과 같이 말입니다.

　　　　2　　+　　1
　　2원 동전 1개　1원 동전 1개

그럼 $n=3$일 때는 다음과 같은 3가지로 표현할 수 있습니다.

$3=(3),(2+1),(1+1+1)$

즉, $P_3=3$입니다.

| $P_3=3$ | 3원을 지불하는 방법은 3가지 |

$P_3=3$이라는 것은 '3원을 지불하는 경우의 수'라고도 할 수 있지만, '3을 몇 개의 자연수로 분할하는 경우의 수'라고도 할 수 있지요. 그래서 앞에서 이야기한 대로 '분할수'라는 이름이 붙어 있답니다.

$n=4$라면 다음과 같이 5가지가 있지요. 이제 요령을 좀 알겠나요?

$4=(4),(3+1),(2+2),(2+1+1),(1+1+1+1)$

| $P_4=5$ | 4원을 지불하는 방법은 5가지 |

$n=5$라면 다음과 같이 7가지가 있습니다.

$5=(5),(4+1),(3+2),(3+1+1),(2+2+1),$
$(2+1+1+1),(1+1+1+1+1)$

$P_5=7$ 　　　　5원을 지불하는 방법은 7가지

이 정도로 n이 커지니 규칙성 같은 것이 조금씩 보이나요? 수가 크지 않으면 규칙성을 찾아내기가 어렵지요. 즉, 표본이 작으면 규칙은 모습을 드러내지 않는 법이지요. 하지만 수가 크면 이번에는 구체적으로 열거하기가 어려운 문제에 부딪히게 됩니다.

자, 계속해 봅시다. 이번에는 $n=6$입니다. 이때는 다음과 같이 11가지 표현 방법이 있습니다.

$6=(6),(5+1),(4+2),(4+1+1),(3+3),$
$(3+2+1),(3+1+1+1),(2+2+2),$
$(2+2+1+1),(2+1+1+1+1),$
$(1+1+1+1+1+1)$

$P_6 = 11$　　　　　6원을 지불하는 방법은 11가지

잠시 살펴볼까요? $\langle P_1, P_2, P_3, P_4, P_5, P_6 \rangle = \langle 1, 2, 3, 5, 7, 11 \rangle$ 이라는 말은 소수와 관련이 있는 패턴일까요? 그렇다면 P_7은 13이 될까요? 같이 구해 봅시다.

$7 = (7), (6+1), (5+2), (5+1+1), (4+3), (4+2+1),$
　　$(4+1+1+1), (3+3+1), (3+2+2), (3+2+1+1),$
　　$(3+1+1+1+1), (2+2+2+1), (2+2+1+1+1),$
　　$(2+1+1+1+1+1), (1+1+1+1+1+1+1)$

$P_7 = 15$　　　　　7원을 지불하는 방법은 15가지

P_7은 15가지네요. 아쉽군요. 소수가 아니었습니다. 그건 그렇고 분할수가 계속 늘어나는 것을 알 수 있습니다. 이대로 $n=8$과 $n=9$를 생각해도 괜찮을까요? 잘못 셀지도 모르지요……. 하지만 내가 제시한 문제의 답을 구하기 위해서는 당장 세어

보는 방법밖에는 없는 것 같군요. 끈기 있게 시도해 봅시다!

"선생님, 저희가 한번 해 볼게요."

"좋아! 우리가 천천히 한번 해 보자."

$n=8$일 때,

8=(8),(7+1),(6+2),(6+1+1),(5+3),(5+2+1),
  (5+1+1+1),(4+4),(4+3+1),(4+2+2),
  (4+2+1+1),(4+1+1+1+1),(3+3+2),
  (3+3+1+1),(3+2+2+1),(3+2+1+1+1),
  (3+1+1+1+1+1),(2+2+2+2),
  (2+2+2+1+1),(2+2+1+1+1+1),
  (2+1+1+1+1+1+1),
  (1+1+1+1+1+1+1+1)

$P_8=22$ 8원을 지불하는 방법은 22가지

"맞지요, 디리클레 선생님? 8원을 지불하는 방법은 22가지나 있어요."

네, 아주 잘했습니다. 8원을 지불하는 방법은 22가지입니다. 어떤가요? 생각보다 경우의 수가 많지요? 즉, 이것은 8이라는 수를 자연수 몇 개로 쪼개서 그 합으로 쓸 수 있는 방법의 수를 의미한다고 이야기했지요.

드디어 $n=9$까지 왔군요. 같이 해 봅시다.

$9=(9), (8+1), (7+2), (7+1+1), (6+3), (6+2+1),$
$(6+1+1+1), (5+4), (5+3+1), (5+2+2),$
$(5+2+1+1), (5+1+1+1+1), (4+4+1),$
$(4+3+2), (4+3+1+1), (4+2+2+1),$
$(4+2+1+1+1), (4+1+1+1+1+1), (3+3+3),$
$(3+3+2+1), (3+3+1+1+1), (3+2+2+2),$
$(3+2+2+1+1), (3+2+1+1+1+1),$
$(3+1+1+1+1+1+1), (2+2+2+2+1),$
$(2+2+2+1+1+1), (2+2+1+1+1+1+1),$
$(2+1+1+1+1+1+1+1),$
$(1+1+1+1+1+1+1+1+1)$

$P_9 = 30$ 9원을 지불하는 방법은 30가지

이것으로 내가 수업 시작할 때 낸 문제에 대한 답은 구한 셈이군요. 즉, 9원을 내기 위한 방법은 30가지나 된다는 말입니다.

지금까지 살펴본 돈을 지불하는 방법을 가지고 일반적인 분할을 의미를 정의해 봅시다.

> 자연수 n에 대한 분할partition이란 원소의 총합이 n이 되는 자연수들의 집합을 의미한다.

앞에서 살펴보았듯이, 5의 분할은 5; 4+1; 3+2; 3+1+1; 2+2+1; 2+1+1+1; 1+1+1+1+1로 모두 7가지입니다.

자연수 n에 대한 분할의 개수를 보통 $P(n)$이라고 표시하기도 합니다. 앞에서 나온 결과를 다음과 같이 표현할 수도 있습니다.

$P(1) = 1$
$P(2) = 2$
$P(3) = 3$

$P(4)=5$

$P(5)=7$

"선생님 그럼 $P(100)$은 얼마나 될까요?"

"정말 경우의 수가 많을 것 같은데……. 10000보다도 더 커질 것 같은데?"

사람들은 P(100)이 190569292라는 것을 구해 냈지요. 1억이 넘는 경우의 수라는 것을 알 수 있습니다. 즉, 일일이 센다는 것은 불가능하지요.

"정말요? 놀라워요!"

일반적으로 큰 수 n에 대한 $P(n)$을 알기는 무척 어렵습니다. 앞에서 문제로 낸 P_{15}을 알기 위해서는 직접 세어 보는 방법밖에 없습니다. 물론 일반적인 n에 관한 $P(n)$의 식이 알려져 있지도 않지요. 그럼 이제 분할에 대한 간단한 성질을 알아보도록 합시다.

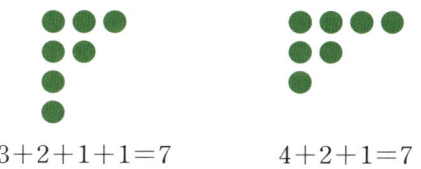

$3+2+1+1=7$ $4+2+1=7$

위의 그림에서와 같이 행과 열이 서로 바뀐 모양의 분할을 공액인conjugate 분할이라고 합니다. 위의 그림은 7에 대한 공액인 분할입니다.

분할의 성질을 알아보기 위해서 기하학적 분할의 모양인 페러스 다이어그램Ferrers Diagram을 이용하여 다음 그림을 생각해 봅시다.

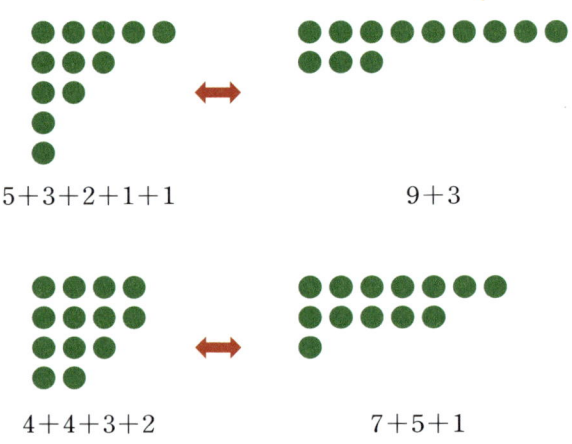

위의 그림에서 12의 분할 중에서 두 분할 5+3+2+1+1과 9+3을 페러스 다이어그램이라고 하며, 마찬가지로 13의 분할 중 두 분할 4+4+3+2과 7+5+1을 페러스 다이어그램이라고 합니다.

"사람들의 수학에 대한 호기심은 끝이 없는 것 같아요."

맞습니다. 분할과 관련한 다양한 정리가 있습니다만 오늘은 여기까지 공부하도록 하겠습니다.

"저는 계속해서 분할수를 구해 보고 싶어요. P(10)도 지금 구해 봤으면 좋겠어요."

"저도요. 소현아, 우리 계속 구해 보자. P(11), P(12), ……. 할 수 있는 만큼."

그럼 다음 시간에 내게도 그 결과를 알려 주세요. 분할수를 직접 구해 보기 전에 미리 예측하고 얼마나 오차가 있는지 확인해 보는 것도 재미있을 것 같네요.

오늘은 다양한 세기의 방법의 응용으로 수의 분할과 그 응용에 대하여 공부하였습니다. 다음 시간에는 집합을 한번 분할해 봅시다. 그럼 다음 시간에 만나요!

수업정리

n의 분할

만약에 1원, 2원, 3원, 4원, ……으로 되어 있는 동전이 있다고 합시다. 일반적으로 합계 5원을 내기 위한 동전의 조합이 몇 가지 있는지 생각해 봅시다.

$n=5$일 때 다음과 같이 7가지가 있습니다.

$5=(5), (4+1), (3+2), (3+1+1), (2+2+1),$
$\quad (2+1+1+1), (1+1+1+1+1)$

※ 5원을 지불하는 방법은 7가지

각 지불 방법을 n의 분할이라고 부르고, 분할의 개수, 즉 P_n을 n의 분할수라고 부르는 것을 정의할 수 있습니다. 이러한 분할에는 대체로 규칙이 없이 나타나기 때문에 일일이 생각해 보는 방법이 좋습니다. 다만 기준을 세워 놓고 세어야 중복되거나 누락되는 것을 막을 수 있습니다.

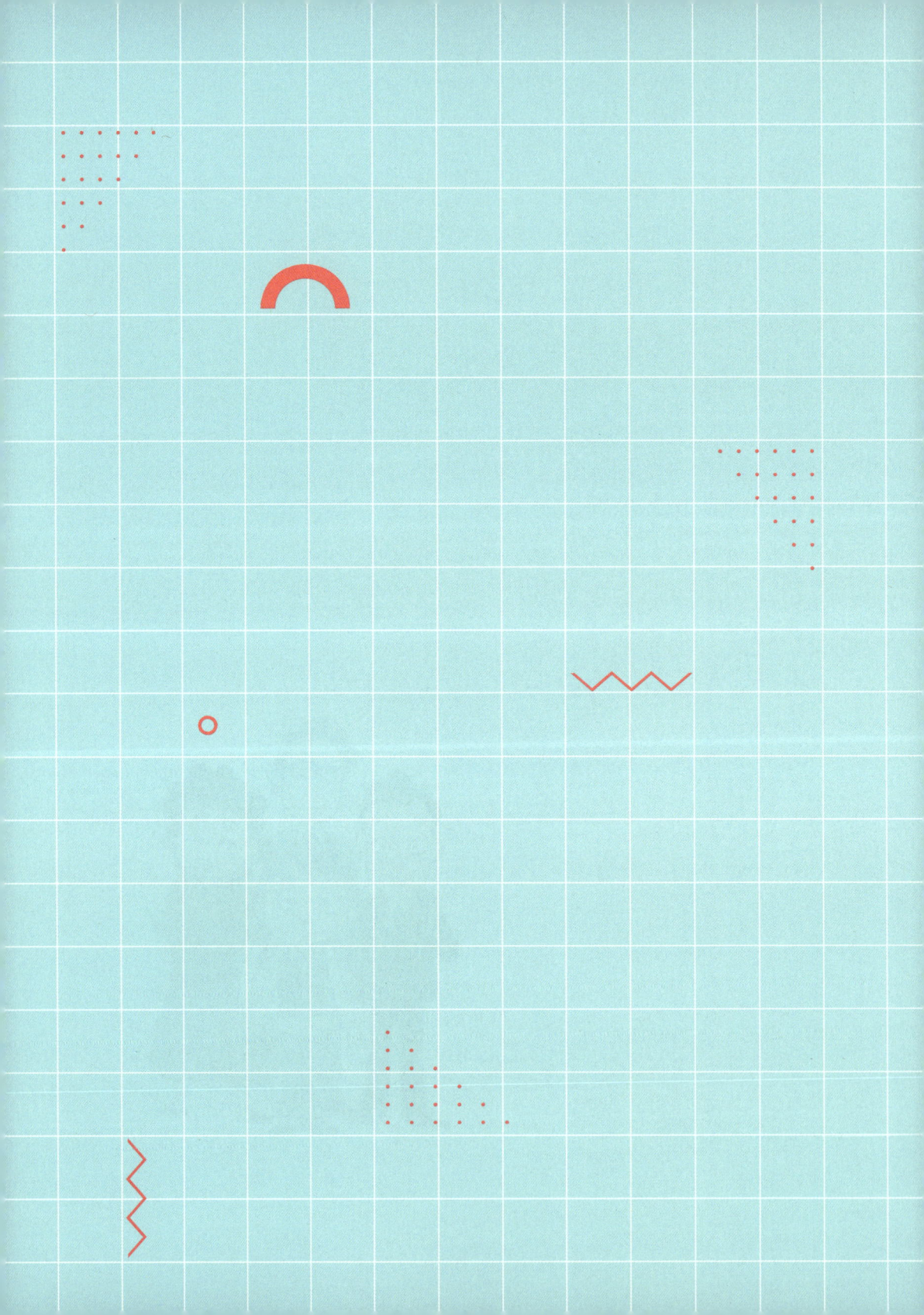

7교시

집합의 분할

집합의 분할의 개념을 이해하고
이를 문제에 적용할 수 있습니다.

수업 목표

집합의 분할 개념을 이해하고 이를 문제에 적용할 수 있습니다.

 **미리 알면 좋아요**

1. 합집합
두 집합 A, B가 있을 때, A에 속하거나 B에 속하는 원소의 집합을 A와 B의 합집합이라고 하고 A∪B로 나타냅니다.
A∪B={x|x∈A 또는 x∈B}

2. 교집합
두 집합 A, B가 있을 때, A와 B에 모두 속하는 원소의 집합을 A와 B의 교집합이라고 하고 A∩B로 나타냅니다.
A∩B={x|x∈A이고 x∈B}

3. 여집합
전체집합 U에 속하고 A에 속하지 않는 모든 원소의 집합으로 A^c로 나타냅니다.
A^c={x|x∈U이고 x∉A}

4. 차집합
두 집합 A, B에 대하여 A에는 속하고 B에는 속하지 않는 모든 원소의 집합으로 A−B로 나타냅니다.
A−B={x|x∈A이고 x∉B}

디리클레의
일곱 번째 수업

여러분, 아쉽지만 마지막 시간이네요.

"네, 디리클레 선생님. 저희는 계속 선생님 수업을 듣고 싶은데 아쉽네요."

마지막 수업은 지난 시간에 이야기했던 대로 집합의 분할에 대한 것을 배워 보도록 하겠습니다. 지난 시간에는 수를 나누는 경우의 수를 이야기했다면, 오늘은 집합을 나누는, 즉 분할하는 방법에 대해 공부해 볼까 합니다. 우리는 실생활에서 비숱한 조건을 만족하는 사물을 몇 개의 그룹으로 나누는 경우를 접하게 됩니다. 이런 경우 몇 가지의 경우가 있는지 알 필요가 있게 됩니다. 따라서 집합의 분할 방법과 가짓수를 이해하고 여러 문제를 풀어서 실제 상황에 적용할 수 있도록 하는 것이 이번 수업의 목표입니다.

"집합과 분할 모두 자신 있어요."

"저도 이제 집합에 자신 있어요. 그래도 쉬운 이야기부터 해주세요."

간단한 예를 들며 시작하도록 하겠습니다. 4명의 학생이 여러 팀으로 나누어 자원 봉사를 하기로 하였습니다. 이때, 4명의 학생을 나눌 수 있는 모든 방법의 가짓수는 얼마일까요?

먼저 4명을 한 팀으로 나누는 방법은 1가지입니다. 그러면 4명을 네 팀으로 나누는 방법은 몇 가지일까요?

"당연히 1가지밖에 없지요."

너무 쉬운 질문을 했다고요? 네, 그렇죠. 1가지가 되겠습니다. 각각 혼자 한 팀이 되는 것이지요. 4명의 학생을 세 팀으로 나누는 방법은 몇 가지일까요? 이제는 그리 간단히 머릿속에서 세기가 힘들어지지요?

"어! 그러네요. 지난번 시간의 이야기와 비슷한 것 같기는 한데……."

이런 문제는 4명의 학생을 각각 a, b, c, d라고 하고 집합 $\{a, b, c, d\}$를 몇 개의 서로소인 부분집합으로 나누는 것과 같습니다.

"아~ 문제를 집합으로 이해해 보자는 말씀이지요? 그럼 더 쉽게 알 수 있나요?"

재호 말이 맞습니다. 문제 상황을 집합으로 이해하고 집합을 나누어 보는 것으로 생각해 보는 것입니다. 즉, 집합의 분할을 이야기하려는 것이지요. 주어진 집합을 몇 개의 공집합이 아닌 서로소인 부분집합으로 나누는 것을 집합의 분할이라고 합니다. 예를 들어 $\{a\} \cup \{b\} \cup \{c, d\}$는 집합 $\{a, b, c, d\}$를 세 부분집합으로 나눈 분할의 예입니다.

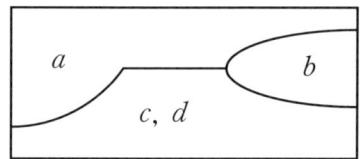

"이제 선생님께서 무슨 이야기를 하시려는지 확실히 알겠어요."

그렇다면 이제 위에서 말한 문제를 본격적으로 해결해 봅시다. 먼저 팀을 나누는 방법은 4명의 학생이 한 팀인 경우, 4명의 학생을 두 팀으로 나누는 경우, 4명의 학생을 세 팀으로 나누는 경우, 4명의 학생을 네 팀으로 나누는 경우로 4가지가 있습니다. 이것을 표로 정리하고 학생들을 직접 나누어 집합으로 표현하면 다음과 같습니다.

학생의 집합	{a, b, c, d}	가짓수
4명의 학생이 한 팀인 경우	{a, b, c, d}	1가지
4명의 학생을 두 팀으로 나누는 경우	{a}, {b, c, d}	7가지
	{b}, {a, c, d}	
	{c}, {a, b, d}	
	{d}, {a, b, c}	
	{a, b}, {c, d}	
	{a, c}, {b, d}	
	{a, d}, {b, c}	
4명의 학생을 세 팀으로 나누는 경우	{a}, {b}, {c, d}	6가지
	{a}, {c}, {b, d}	
	{a}, {d}, {b, c}	
	{b}, {c}, {a, d}	
	{b}, {d}, {a, c}	
	{c}, {d}, {a, b}	
4명의 학생을 네 팀으로 나누는 경우	{a}, {b}, {c}, {d}	1가지

따라서 4명의 학생을 나눌 수 있는 모든 방법의 가짓수는 15가지라고 할 수 있습니다.

"지난 시간에 배운 수의 분할보다 경우가 더 많아지는데요? $P(4)=5$였는데……."

 소현이 말대로 경우의 수가 더 많아졌습니다. 4라는 수를 (1+3)과 (2+2)로 나누는 경우를 집합의 분할에서는 어떤 원소가 어떻게 분할하여 다른 집합에 들어가느냐의 경우도 생기기 때문에 그 경우의 수가 더 많아질 수밖에 없지요.

“선생님, 자세히 비교해 주세요.”

 4라는 수를 우리가 분할하는 방법으로 (1+3)이 하나의 경우였다면, $\{a, b, c, d\}$를 1개의 원소와 3개의 원소가 있는 2개의 집합으로 나누는 경우는 다음과 같이 4개가 된답니다.

$\{a\}, \{b, c, d\}$

$\{b\}, \{a,c,d\}$

$\{c\}, \{a,b,d\}$

$\{d\}, \{a,b,c\}$

"아~ 그렇군요. 이제 완전히 알겠어요."

이제 서로 다른 4개의 공, 탁구공, 당구공, 축구공, 농구공을 똑같은 종류의 4개의 상자에 넣는 방법의 수는 4명의 학생을 나누는 방법의 수와 같은 문제로 볼 수 있습니다. 이 문제도 직접 풀어 보면서 확인할까요?

공				가짓수
4개의 공을 한 상자에 넣는 경우				1가지
4개의 공을 두 상자에 넣는 경우				7가지

4개의 공을
세 상자에 넣는 경우

6가지

150 디리클레가 들려주는 선택과 배열 이야기

| 4개의 공을 네 상자에 넣는 경우 | | |  |  | 1가지 |

이제 확실히 이해되나요?

사람에서 공을 나누는 방법의 가짓수를 묻는 문제로 바뀌었을 뿐 그 구조는 같은 문제이므로 결국 해결하는 방법과 가짓수도 15가지로 같음을 알 수 있습니다.

"재미있어요, 선생님. 또 다른 예를 들어 주세요. 제가 한번 해 보고 싶어요."

좋아요. 잠깐 지난 시간에 배운 것과 관련해서 정리하고요. 수의 분할이 같은 종류의 공을 같은 종류의 상자에 넣는 방법에 대하여 살펴보는 문제라면, 집합의 분할은 서로 다른 n개의 공을 같은 종류의 상자에 넣는 문제라고 할 수 있습니다.

예를 들어 서로 다른 n개의 공을 똑같은 3개의 상자에 넣는다면 우선 공을 세 부분으로 나누고 나눈 세 부분의 공을 각각의 상자에 넣으면 됩니다. 이것은 집합을 서로소인 몇 개의 부분집합으로 나누는 방법과 같게 됩니다.

"아! 그런 차이가 있군요. 그래서 경우의 수가 더 많아진 것이고요."

자, 이제 알겠죠?

그럼 지금부터는 집합의 분할을 일반적으로 정의하고 스털링 수와 벨 수에 대하여 알아봅시다.

집합의 분할

n개의 원소를 갖고 있는 집합을 $n-$집합이라고 하자. 아래의 그림처럼 $n-$집합 A가

  (i) $A = B_1 \cup B_2 \cup \cdots\cdots \cup B_k$ 이고
  (ii) $B_1, B_2, \cdots\cdots, B_k \neq \phi$ 이며
  (iii) $i \neq j$인 모든 i, j에 대하여 $B_i \cap B_j = \phi$

이면 $\{B_1, B_2, \cdots\cdots, B_k\}$를 집합 A의 분할이라고 하고 각 B_i를 이 분할의 블록이라고 한다.

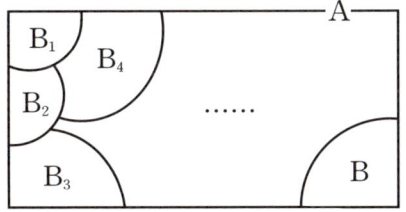

k개의 블록을 가진 $n-$집합의 분할의 수를 제2종 스털링 수 Stirling numbers of the second kind 라 하고 $S(n, k)$로 나타내며 $n-$집합의 모든 분할의 수를 벨 수 Bell number 라 하고 $B(n)$으로 나타냅니다. 그러므로 벨 수 $B(n)$은 다음과 같습니다.

$$B(n) = S(n, 1) + S(n, 2) + \cdots\cdots + S(n, n)$$

일반적인 집합의 분할로 들어가니까 다소 어렵게 느껴지지요? 하지만 다음의 문제를 풀어 보면 지금까지 우리가 이야기했던 문제를 일반화하여 표현한 것뿐이라는 것을 알 수 있을 것입니다.

"분할하는 집합의 수를 각각 표현한 것이 스털링 수죠?"

"전체 분할의 수를 나타내는 것이 벨 수고요."

소현이와 재호의 실력이 많이 늘었는데요? 하하, 이제야 이산 수학에 대한 이야기를 시작한 보람을 느낍니다. 그럼 위의 정의를 문제에 적용해 볼까요?

쏙쏙 문제 풀기

A = {1, 2, 3, 4}이다. 집합 A의 모든 분할을 구하여 제2종 스털링 수 S(4, 1), (4, 2), S(4, 3), S(4, 4)와 벨 수 B(4)를 구하시오.

A = {1, 2, 3, 4}

A − {1} ∪ {2, 3, 4} = {2} ∪ {1, 3, 4} = {3} ∪ {1, 2, 4}

$= \{4\} \cup \{1, 2, 3\} = \{1, 2\} \cup \{3, 4\} = \{1, 3\} \cup \{2, 4\}$

$= \{1, 4\} \cup \{2, 3\} = \{1\} \cup \{2\} \cup \{3, 4\} = \{1\} \cup \{3\} \cup \{2, 4\}$

$= \{1\} \cup \{4\} \cup \{2, 3\} = \{2\} \cup \{3\} \cup \{1, 4\}$

$= \{2\} \cup \{4\} \cup \{1, 3\} = \{3\} \cup \{4\} \cup \{1, 2\}$

$= \{1\} \cup \{2\} \cup \{3\} \cup \{4\}$ 이므로

(i) 한 블록을 갖는 A의 분할 : $\{\{1, 2, 3, 4\}\}$

(ii) 두 블록을 갖는 A의 분할 : $\{\{1\}, \{2, 3, 4\}\}, \{\{2\}, \{1, 3, 4\}\}, \{\{3\}, \{1, 2, 4\}\}, \{\{4\}, \{1, 2, 3\}\}, \{\{1, 2\}, \{3, 4\}\}, \{\{1, 3\}, \{2, 4\}\}, \{\{1, 4\}, \{2, 3\}\}$

(iii) 세 블록을 갖는 A의 분할 : $\{\{1\}, \{2\}, \{3, 4\}\}, \{\{1\}, \{3\}, \{2, 4\}\}, \{\{1\}, \{4\}, \{2, 3\}\}, \{\{2\}, \{3\}, \{1, 4\}\}, \{\{2\}, \{4\}, \{1, 3\}\}, \{\{3\}, \{4\}, \{1, 2\}\}$

(iv) 네 블록을 갖는 A의 분할 : $\{\{1\}, \{2\}, \{3\}, \{4\}\}$

따라서 제2종 스털링 수는 $S(4, 1) = 1$, $S(4, 2) = 7$, $S(4, 3) = 6$, $S(4, 4) = 1$이고 벨 수는 $B(4) = S(4, 1) + S(4, 2) + S(4, 3) + S(4, 4) = 15$입니다.

마지막으로 다음의 상황을 생각해 봅시다. 재호와 소현이가

선생님을 도와 많은 공을 정리하려고 합니다.

첫 번째로 서로 다른 n개의 공을 똑같은 종류의 3개의 상자에 넣을 때 빈 상자가 없도록 하는 방법의 수를 구해 봅시다.

"그럼 서로 다른 n개의 공을 빈 상자가 없도록 똑같은 3개의 상자에 넣었다고 가정하는 것이지요?"

맞습니다. 상자에 있는 공의 집합을 각각 B_1, B_2, B_3이라고 하면 $\{B_1, B_2, B_3\}$는 세 블록을 갖는 전체 공의 집합의 분할이 되겠지요.

"공의 수를 모르는데, 어떻게 경우의 수를 구하지요?"

공의 수를 모르지만 일반적으로 성립하는 식을 표현해 보고자 하는 것입니다.

"네~ 그렇다면 조건을 만족하도록 공을 넣는 방법의 수는 세 블록을 갖는 $n-$집합의 분할의 수인 $S(n, 3)$입니다."

"두 번째 문제는 무엇인가요? 제가 해결해 보고 싶어요. 오늘 재호만 너무 잘하는 것 같아요."

하하. 두 번째 문제는 서로 다른 n개의 공을 똑같은 종류의 3개의 상자에 넣는 방법의 수를 구해 봅시다.

"그럼 이번에는 빈 상자가 있을 수 있으므로 실제 사용한 상자의 수는 1 또는 2 또는 3이라는 뜻이지요?"

맞습니다.

"그럼 방법의 수는 앞에서 재호가 구한 수와 상자가 1개일 때, 2개일 때를 더하면 될 것 같아요. $S(n, 1) + S(n, 2) + S(n, 3)$ 입니다!"

"너도 오늘 잘했어!"

네! 모두 아주 잘했습니다. 아쉽게도 오늘이 마지막 수업이군요. 그동안 이산 수학에서 주로 선택과 배열에 관련된 공부를 해 보았습니다. 여기서 가장 기본은 세기라는 것! 기억하세요. 그럼 다른 주제로 또 만납시다. 여러분, 안녕!

수업 정리

❶ 집합의 분할

주어진 집합을 몇 개의 공집합이 아닌 서로소인 부분집합으로 나누는 것을 집합의 분할이라고 합니다.

❷ 일반적인 집합의 분할

n개의 원소를 갖고 있는 집합을 $n-$집합이라고 하자. 아래의 그림처럼 $n-$집합 A가

(i) $A = B_1 \cup B_2 \cup \cdots\cdots \cup B_k$ 이고

(ii) $B_1, B_2, \cdots\cdots, B_k \neq \phi$ 이며

(iii) $i \neq j$ 인 모든 i, j 에 대하여 $B_i \cap B_j = \phi$

이면 $\{B_1, B_2, \cdots\cdots, B_k\}$을 집합 A의 분할이라고 하고 각 B_i를 이 분할의 블록이라고 합니다.

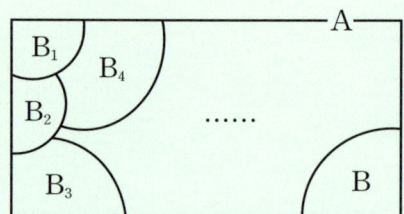

디리클레와 함께하는 쉬는 시간

실생활을 통해 알아보는 비둘기집의 원리

우리는 지금까지 비둘기집의 원리에 대해 알아보았습니다. 너무나 당연한 결과로 생각되는 비둘기집의 원리는 때로 놀라운 결과를 보여 주기도 합니다. 예를 들면, 부산에는 머리카락의 수가 같은 사람이 최소한 2명 존재합니다. 왜냐하면 일반적인 사람의 머리카락 수는 15만 개이므로 100만 개 이상의 머리카락을 가진 사람은 없다고 가정해도 무리가 없습니다. 따라서 부산에는 360만 명가량의 사람이 있으므로, 서로 다른 머리카락의 개수를 서로 다른 비둘기집으로 보고, 서울에 사는 사람을 머리카락의 개수에 따라 서로 다른 비둘기집에 넣으면, 같은 머리카락 개수를 가진 사람이 반드시 2명 이상 존재한다는 것을 알 수 있습니다.

또 다른 일상적인 예로는, 농구를 하고 싶어 하는 5명의 사람이 있다고 할 때, 서로 같은 팀에서 경기를 하고 싶어 하지 않지만 팀은 4개뿐인 경우를 생각해 볼 수 있습니다. 만약 이 사람들이 서로 다른 팀에 들어가고 싶어 할 경우, 비둘기집의 원리에 의해 5명을 한 팀에 한 명씩 4개의 팀으로 나누는 것은 불가능하다는 것을 알 수 있습니다. 따라서 이들 중 2명 이상이 같은 팀이 되는 경우가 반드시 있습니다.

NEW 수학자가 들려주는 수학 이야기 45
디리클레가 들려주는 선택과 배열 이야기

ⓒ 백희수, 2009

2판 1쇄 인쇄일 | 2025년 7월 28일
2판 1쇄 발행일 | 2025년 8월 11일

지은이 | 백희수
펴낸이 | 정은영
펴낸곳 | (주)자음과모음

출판등록 | 2001년 11월 28일 제2001-000259호
주소 | 10881 경기도 파주시 회동길 325-20
전화 | 편집부 (02)324-2347, 경영지원부 (02)325-6047
팩스 | 편집부 (02)324-2348, 경영지원부 (02)2648-1311
e-mail | jamoteen@jamobook.com

ISBN 978-89-544-5290-8 44410
　　　978-89-544-5196-3 (세트)

• 잘못된 책은 교환해 드립니다.